◆ 青少年感恩心语丛书 ◆

专注学习心亦静

◎战晓书　编

吉林人民出版社

图书在版编目(CIP)数据

专注学习心亦静 / 战晓书编 . -- 长春 : 吉林人民
出版社, 2012.7
　　(青少年感恩心语丛书)
　　ISBN 978-7-206-09121-6

　　Ⅰ. ①专… Ⅱ. ①战… Ⅲ. ①学习心理学 – 青年读物
②学习心理学 – 少年读物 Ⅳ. ①G442-49

中国版本图书馆 CIP 数据核字 (2012) 第 150857 号

专注学习心亦静

ZHUANZHU XUEXI XINYIJING

编　　者 : 战晓书
责任编辑 : 王　磊　　　　　　　封面设计 : 七　洱
吉林人民出版社出版 发行 (长春市人民大街7548号 邮政编码 : 130022)
印　　刷 : 北京市一鑫印务有限公司
开　　本 : 670mm×950mm　1/16
印　　张 : 12.75　　　　　　　字　　数 : 200千字
标准书号 : ISBN 978-7-206-09121-6
版　　次 : 2012年7月第1版　　印　　次 : 2023年6月第3次印刷
定　　价 : 45.00元

目 录
CONTENTS

目 录
CONTENTS

目 录
CONTENTS

目 录

CONTENTS

小老鼠的本领

　　小老鼠非常聪明可爱，它学会了许多本领，它的同伴都夸它是最优秀的。这年，它完成了入冬前的准备工作，将大量的粮食搬进自己的洞里，闲来无事又用锋利的牙齿将一个大箱子啃破，把成千上万的书都咬成了碎片。小老鼠高兴极了。

　　它遇到了小公鸡，便自豪地对公鸡说："我能这样……还能那样……"小公鸡不屑一顾，对着天空打一个嘹亮的响鸣，然后大摇大摆地去刨土里的东西吃了。小老鼠非常不解：我的同伴都夸我，为什么小公鸡对此无动于衷呢？

　　小老鼠找到了小猪，小猪友好地向它点头示意。老鼠对小猪说："我能这样……还能那样……"小老鼠说啊说啊，却见小猪打了个哈欠，呼呼地睡着了。

　　小老鼠更不解了：为什么这么笨拙的小猪也对我的本领不屑一顾呢？

　　这时候，小猫无所事事地东游西逛，小老鼠高兴地对这只成天睡觉、晒太阳、打呼噜的小懒猫说：我能这样……还能那样……

小猫没说话，伸了个懒腰。"我能将坚硬的木箱啃破，将成千上万的书咬成碎片……我的同伴们都非常佩服我，这你难道也能做到吗？"

小猫舔着嘴唇懒洋洋地说：不能，不会，我只知道我现在饿了，饿了就得找东西吃。

于是猫把小老鼠吃了。

——没有谁强于谁的问题，说白了不过只是行业不同而已。我们没有必要拿自己的某些独特的本领骄傲自豪，因为这在别人看来真的太没什么了。尤其是我们赖以生存的本领。

——而在我们平时看来太没什么的人，说不定就具备比我们优秀得多的本领，而且这对我们可能是致命的。

敬业者，为人敬

　　我最爱去颐北一家机关小理发店理发，那里有个湖北籍的小青年，这男孩看起来不显眼，可一上工作台就把你的脑袋当成了一件艺术品。剪修挠按梳十八般武艺一齐上，直到连你自己都不忍心让他再磨蹭下去。

　　这是一种完美的敬业精神，我从内心里敬重这种精神，敬重拥有这种精神的任何人。

　　在这之前我曾在不少地方吃过不少"冷面"，包括理发。在一些人手里我的脑袋成了他们发泄忧愤的道具。我针芒刺背般地听着他们同行间愉快的调侃和清脆的咬瓜子壳声，高贵的头颅被不耐烦地拨来弄去像一件不值钱的玩具。往往我很不愿意去理发，一想起那脸盆的污垢和毛巾的油味就让人愁肠万结。

　　现在这个小青年改变了我的心态，我甚至盼望着这一月一次的"享受"。当一个人愿意把脑袋交给他人整理时，是一种何等完全的信任呵。

有　限

　　三毛札记上有一段话；"人都怕死，但如果永远不许你死，你怕不怕？"

　　我用这句话问身边的友人，友人答曰："不怕。"我明白他的意思，生命是美好的，有谁会嫌命长呢？但我说这是可怕的。

　　如果生命真的可以无限延伸，那么人们就享有永远可以不后悔、永远可以从头来的权利。那么某一段辉煌也就失去了意义，人们也就再没有了竞争的紧迫感，那样的话，一切都会变成什么样子呢？恐怕社会也无须进步了。

　　这就显示了事物的"有限"。正因为金钱是有限的，我们才学会了计算，正因为精力是有限的，我们才学会了选择；正因为时间是有限的，我们才学会了珍惜。

根 基

　　如果根基打得不牢而建筑却落成怎么办？那就宁愿推倒重来，叫做长痛不如短痛。这要付出代价，甚至十分昂贵也得支付，谁叫你当初不把功夫下在根基上呢？

　　扎实的根基非一日一时之功，一旦打下扎稳就不要轻易放弃。辛辛苦苦筑起的根基，却随随便便放弃，那太可惜了！

人，应心性如水

　　水是我们生活中最常见的东西。不管是江河湖海的水还是杯中之水，都是以盛它的容器为自己的形状，并且永远都是随其变化而变化着。它看似很柔弱没有自己的形象；而实质上无时无处不都在显示着它蕴含着一种强劲的力量，而这种力量的产生恰是缘于它的柔韧。难道不是吗？看！它的柔不仅能浸透到所有生命的任何部位，而且能被任何容器所接纳；而它的韧则足以把坚硬的顽石穿透。

　　平常我们推崇刚烈，要"宁折不弯"，这并没有错。但事实上更多时候，尤其是变通一下也不失原则、不损人格的时候，当我们还有更重要的事情要做、还有更崇高的任务要完成，当我们生命的力量尚未充分发挥的时候，要做一个能顺应时代变化的人，做一个在事业上成功的人，做一个生活在各种环境中均能自如的人，该是多么需要用水的柔性来润泽一下我们的心性，用韧的力度来冶炼一下我们涵养的深度啊！

　　我们推崇的刚烈的确没错，只是过分刚烈的人，不能接受外界施加给他的容器，故而容易碰壁而被击得粉碎，留下的只是"事业未成身先卒"的遗憾。社会毕竟是大家的社会，只有在人与人、人与环境、人与社会的和谐氛围中，人才能更好地服务于他人和社会，而这种和谐的创造，恰恰需要人们用水一般的心性，以外界"形状"为自己的"形状"，主动去适应环境，顺应时代，在特定的容器中积聚自己的力量，做到既不迷失自己，又能用内在的力量去积极地影响他人，这是何等清醒，何等智慧，何等深邃的人生力度！

（孙敦坦）

不要轻信"捷径"

　　我们都知道干任何事很少有捷径可走的道理，然而，翻阅现在的报刊杂志，指示这类"捷径"的广告信息却比比皆是——

　　有自谓对"中国人学英语之革命贡献""为中国人学英语而专著"的一套自学速成教材允诺："英汉对照，无师自通"，"只会ABC的人仅几百个小时可学完该教材"。"学习英语不再难，一生拼搏50天"，或"每天安排1—1.5小时，不到一年即可完成"大学专业的水平。还有家别出心裁的热线电话也异曲同工地声称：中国人学英语再也不难了"，"只会ABC的人仅用几百个小时学完初级本全套教材后，就能讲、读、写流利的英文，达到大学英语高材生水平，能轻松地通过各类升学、晋升、就业、出国等英语考试，继续学完中级本如虎添翼……"

　　有道是"字如其人"，能写一手好字对许多人的诱惑自然是极大的，因而便有了令人目眩的"实用速成练字法"。承诺"想练字，找某某"，"一生只需60小时，60小时影响一生"。还有某位硬笔书法大家也挺身而出，推出一套"书法魔具"，称"无论初练字还是写不好字的，只要坚持使用10天即可练成一手好字"。甚至有更离谱的诱惑，干脆为习字本取名叫"千字成"，练一千个字就可拥有一手美妙的硬笔书法字，你若还不动心那才真叫怪哩！

至于那些"跟着某某弹吉他，一学就会"、"历史知识三字经"、"地理常识五字谣"等等，更无一不是以指引"捷径"为己任。据一项"速记方式大众化的突破，速记符号科学的创新"称，学习者仅10小时阅读加10小时练字，便可初步掌握"简易速成速记"。还有让"一目十行，过目成诵"成为现实的"全脑速读记忆法"函授的内容，借学员之口称"以前一直认为每分钟读1000字就已经很不错了，没想到现在每分钟读1万多字仍感觉文章很清楚，明白。"如此高效的"诱惑"谁能抵挡得了？

形形色色的"捷径"炮制者们无一不是牛皮吹破天的高手，不仅对"捷径"本身的描绘夸大其辞，信口侃来，而且娴熟运用若干诱人"上钩"的"技法"。明明只是某些报刊上做过的广告，却变成了京、津、沪许多大报"都做了肯定性报道"；甚至言之凿凿地宣布"已使50万人60小时练好字"。至于某某成果大奖、国家专利等令人目眩的桂冠更是信手拈来，为了增强诱惑效果，既请名人赠言，更有凡人颂辞。名人从国内一直请到国外，甚至可以请出根本"莫须有"的"名人"；凡人颂辞更是叙事兼抒情，肉麻地大讲从"捷径"上捡到的便宜，目的自然无非令人心动志移。

细察这些充满诱惑的"捷径"，其实大多既无技巧可言，也无可信的新招数，更谈不上有任何科学的根据。由名家创造的"手把手教你写字"的所谓"书法魔具"、"千字成"等等，不过是在硬纸板上压出字的印痕让练习者描摹而已，何来"千字即成"之神功？以前曾有过一种让很多青少年上当的"速读记忆器"，不过是两只海绵耳塞而已。而现在的"全脑速读记忆"也不会有什么能够使人打破读、记能力极限的高招吧！两年前有过一种所谓"英汉对照"的英语速成教材，竟用汉字给英语单词注音，谁能保证如今每套数十元乃至一百、二百、三百元不等的教材而使费神者不再重演英语"很好"便是"威力够得"之类的故伎呢？

"只有不畏劳苦在崎岖的道路上攀登的人，才能到达光辉的顶峰"。我们欲求知识的增长，追求事业有所成就决不可轻信那些令人眼花缭乱的"捷径"，只有埋下头来，一步一个脚印地前行，才能真正获得成功。

（周明荣）

目　标

　　目标是人生的一种准则，是对自我言行的约束，是一种高尚的痛苦。失去目标人生便毫无意义，生命也就没有了价值。实质上人与动物的区分就在于此，人是在有目标的生活，而动物则是在盲目地生存。

　　目标是对人生价值的升华，目标越是宏伟，生命的价值就越是巨大。所以说，适合个人发展的目标，能使生命大放异彩，而不切实际的空想将会一事无成。

　　目标是人生旅途中的灯塔。一个没有目标的人如同在黑夜中行走，随时可能迷失方向，甚至陷入深渊。目标之灯要靠智力和耐力之火点亮，否则，再好的目标之灯也只能是一个盲点。

　　目标引导人前进。人如果没有了生活的目标，生命也就失去了存在的意义。所以，人活着而没有目标是可怜的，有了目标却不能实现也是一种悲哀。

　　目标是一种竞争、是一种超越，是与命运的抗争。是对自我生命的丰富、完善和发展。是智慧与能力的展示。

目标是对生活品位的确定，是对生命质量的保障。目标是个人知识层次、自身修养的印证。

目标是人生的阶梯。对每一阶段的目标的实现，就是对自我能力的肯定，也是对自我存在价值的确认。

羡慕别人的成功，敬佩他人的才智，是一种潜在的目标意识的闪现。这种潜在的目标意识将推动你在人生的道路上奔跑。

目标焕发热情，目标是生活的源动力，它促使生命放射出光芒。而目标的实现需要付出艰苦的劳动，甚至生命，正因为如此，目标才富有极大的挑战性和诱惑力。

目标展现出的永远是一幅美丽的画卷，目标诠释的是人生的辉煌。

目标是一种希望，没有希望的心田，将会寸草不生。

目标彰显，生命如歌。

（樊富庄）

发掘自身的潜力

　　希尔顿国际饭店集团跨越五洲，资产总额达数十亿美元。这个庞大帝国的创立者，当初仅靠五千美元起家，他便是那闻名遐迩、为后人所景仰的唐拉德·希尔顿。这位成功的企业家，晚年回顾自己的一生，总结历年来的经验，特别告诫人们：要发掘自身潜力，应该大胆进取，要去开发自己绚烂多彩的世界，不要因为长辈或薪金的原因而被纳入一条安定的轨道，失落掉真正应该属于自己的天地。他喜欢向人讲述这样一个故事：一个穷困潦倒的希腊年轻人去雅典一家银行应征一个守卫的工作，由于他除了自己的名字以外什么字都不会写，自然没有得到那份工作。失望之余，他借钱渡海到了美国，许多年后，一位希腊大企业家在华尔街的豪华办公室里举行记者招待会，会上，一位记者建议他写本回忆录。这位企业家回答："这不可能，因为我根本不会写字。"这使得在场的记者大为吃惊。企业家接着说："万事有得必有失。如果我会写字，那么我今天仍是一个守卫而已。"这位企业家不会写字，无疑是个缺憾，但他却有经营商业的潜力和才能，他挖掘自己的潜力，发挥自己的优势，扬长避短，奋力拼搏，终于在企业经营上取得了成功，创造了辉煌。

　　每个人都有自己的长处和短处，每个人都有自己的潜在优势。人的才智各有不同，正如人们生来就有不同的指纹一样，关键是要发掘自己的创造潜力，发挥自己独具的才能，走一条最适合自己发展的道路。在有的人看来，一个人大字不识还能成就什么事业？但是，上面提到的那位希腊大企业家却不这样认为，"此门不开开别门"，当守卫不行，可以漂洋过海去经营企业，经过无数艰辛，他终于一步一步走向成功。尺有所短，寸有所长。你有你的优势，我有我的长处。正如宋代诗人卢梅坡在《雪梅》一诗中所言："梅须逊雪三分白，雪却输梅一段香。"完全没有必要为别人的优势而产生自卑感，也不应该因为他人的成功而丧失信心。文化水平不高，没有文凭和专业职称，经验缺乏，甚至身有残疾，都不应该成为成就事业的障碍。关键在于你能否发挥自己的优势，并且锲而不舍，奋斗不息。在很多情况下，有些手握文凭、条件很好的人，却总是感到窝囊、烦恼、失望，在事业上一无所成；那些条件很差，甚至有缺憾的人却在事业上大显身手，创造了奇迹，这就是因为前者没有找到适合自己发展的道路，而后者则发挥了自己独有的才能，开拓出属于自己的天地。

　　常听到有些人抱怨环境、抱怨机遇，对别人的成功羡慕不已，自己却缺乏主见和决断能力，一味人云亦云，鹦鹉学舌，邯郸学步，跟着别人的脚步走，而忽略或丢掉了自己的优势，或者观望等待，怨天尤人，坐等天上掉下馅饼，或者好高骛远，挑肥拣瘦，嫌这个工作钱少、那个工作太累，没有坚韧不拔、不屈不挠、顽强拼搏的精神和劲头。这种人自然谈不到潜力的充分发挥，谈不到创造才能的施展，只能一事无成，整日与抱怨、牢骚、失败、绝望为伴。在任何时候，在任何境遇下，都只有一个字："干！"不干，多高的才能，多大的潜力，都等于零。只有干才有希望，才有前途，才能挖掘出自身潜力，才能成就伟大事业。不干，不漂洋过海苦干实干，那个穷困潦倒的希腊青年只怕永远也成不了大企业家。同样，不干，希尔顿经营旅馆、饭店的才能怎么能发挥出来，哪里谈得到希尔顿集团的辉煌？可以肯定地说，每个成功者的背后，都洒下了勤劳的汗水，付出了无数的心血，其成功就是实干的结晶、奋斗的报偿。

我们所处的时代，是个创业的时代、建设的时代，竞争的时代。这个时代为创业者、有志者提供了无穷无尽的机会，搭好了施展才能的广阔舞台。关键就看你干不干，就看你能否抓住机遇，挖掘潜力，找到适合发展自己的位置，并且能否坚韧顽强地一直干下去。"投入战斗，然后便见分晓"。胜利的旗帜向你招手，你干还是不干？

（赵化南）

要敢说"不知道"

看过一家电视台的一个娱乐性节目，主持人通过一段录像中的人物对话，提出一个问题："'泰斗'这个词是怎么来的，是什么意思？"然后拿这个问题"考"各位嘉宾和现场观众。

"泰斗就是肚子特别大，指特别有学问的人。"

"泰斗可能是一个特别大的斗，能装很多东西，用它来形容那些影响很大的文学家。"

"泰大概是指泰山，斗绝对是指一种容器。"

"泰斗估计是古人戴的一种帽子……"

"泰斗就是上到了泰山顶上……"列举这样一些"答案"，并不是为了取笑谁。因为，就是知道泰指泰山、斗指北斗，也并没有什么了不起。但我发现一个现象，却让我感到很不安：我注意到，在所有问到的人中，不但没有一个人很干脆地说一声"不知道"，而且在他们那种若有所思的表情中，还潜伏着一种淡淡的自信。

我不知道这个节目播出以后，有没有人为自己的回答感到不好意思。但是，当我把自己设想成一个被问者时，马上就有一种莫名的恐慌涌上心头；当把自己设想成上述任意一个答案的"作者"时，我甚至对生活中我出过的洋相，也记不起来有多少次洋相是因为自己不服输所造成的。

不论是谁，其实都不可能知道所有问题的答案。这并不是说什么都不知道也算不了什么，而是说对于不知道的东西，就应该有勇气说一声"不知道"。

面对别人的提问，说一声"不知道"，意味着一次放弃，表面上看是失去了一次表现的机会，实际上却有可能使自己少犯一次常识性的错误；说一声"不知道"，也意味着一次撤退，表面上像是一种没进入竞争的输，实际上却有可能使自己避免一种更难解除的尴尬。

应该懂得一个道理，不回答是零分，答错了肯定还是零分。但两个零分的性质完全不同：前者不会被别人当作谈资，后者却可能成为一种笑料。

有些时候，能很快地说一声"不知道"，也是一种智慧。

（尚德琪）

永不放弃

　　相传古代十名屈打成招的老臣即将被处极刑。按当时的规矩，要一个一个分别行刑。其中一个比较聪明的老臣心想，反正我就要死了，我应该用我的聪明赚些便宜。于是，他就说服了领头儿的刽子手，请求第一个斩他，并请求活儿做得利落些，刀起就要头落。刽子手答应了，果然第一个对他行刑，而且头也落得很痛快。然而，几乎就在他头颅落地的同时，快马送来了皇帝的赦免令，其他九人皆因这一纸赦免而得幸存，这个看上去比较聪明的大臣却冤死冥界，不得复生了。

　　这个头颅落地的大臣，之所以罹难，表面原因是他要了小聪明，结果聪明反被聪明误。其实不尽然。他在生命的紧要关头，生存下去的意志动摇了，采取了放弃的态度，以至于完全不对生再做任何努力（像其他九名大臣那样不说泄气话就是一种努力），只是想如何才能免看人头落地的惨景并死得痛快些。这才是发生悲剧的最本质的原因。这个故事雄辩地说明，对于一个人来说，生存的意志远远比生存的技巧更重要，更能对生命产生决定性影响。

　　这个问题，对于老年人尤其具有特殊的现实意义。人老之后，随着新陈代谢能力的不断衰弱，人的意志也容易随之衰退，以至于在不知不觉中放弃追求、放弃努力，甚至放弃生活。这种放弃乃是老年人的一个大敌。作为一个老人，放弃了生活，或自暴自弃，潦倒余生，与草木同枯，或作茧自缚，坐困愁城，与世界隔绝，其结果都会使人变得猥琐无聊，形同走肉。这是极其悲哀与可怜的。人的生活总要被某种意志与情感支配，这样，才能绚丽多彩，也才有意义。有意义的生活，人们是不会放弃的。这样，才能保持欢愉高昂的生活情趣与"富贵不能淫，贫贱不能移，威武不能屈"的高尚节操。老，能侵蚀人的健康，能剥夺人从事某些剧烈活动的权利，能使人变得行动迟缓，但不一定能征服人的意志，更不一定能泯灭人的生存欲望。意志与欲望可以伴随人的终生，只要你紧紧地抓住它。

　　老人不同于年轻人。对于年轻人来说，生存质量主要在于适应环境，将自己融入到群体之中，以社会与群体定位自己的存在价值；对于老年人来说恰恰相反，老人生存质量主要在于战胜自我，在于自己对生活的把握。由于生理和社会的原因，老年人很容易一叶障目地把生理上的价值或他人对自己的评价当作自己的全部价值（这一点，即使是在尊重老人的社会也是避免不了的），失去对生命的激情与信心。在一定程度上，形成这种结局，主要责任在自己。一个老人，只要自己不嫌弃自己，自己不轻视自己，就一定能把握住生活的航向，把自己带进生活的乐园。古人就已经体悟到了这个道理，所以才有"老要张狂少要稳"的说法，这是帮助老人战胜自我的一个有力武器。它提示老人：为克服自惭形秽的心理，不妨"矫枉过正"，反老年之特点而行之，适当争争强，好好胜，吹吹牛皮（笑谈），搞个噱头什么的，这些都是极好的"我还不老"的自我暗示。老的恐惧、老的悲哀、老的无奈在暗示中会被遗忘（哪怕是暂时的），老人会因此而焕发活力，荣辱皆忘，摆脱"老人无用、老人可怜"这一时而淡淡、时而浓浓的负累，轻轻松松地面对一切。在一般情况下，以争强好胜之心对待生活或许是错误的，但对于老人来说，振作精神是更重要的。

人都不会轻易丢弃自己的心爱之物，何况生命是万物之至尊，更应备受关爱。老人尤其应该爱护自己的生命，不能与自己的生命睚眦相向。就是到了生命的最后一刻，仍应一如既往地热爱生活，欢享"人之将死其言也善"的最后尊荣。正因为如此，人们才以"慈眉善目"一词赞美老人。古谚说：心之所善，九死无悔。可见善之于人何等重要。然而，善之肇始乃善待自己，善待自己才可能由己推人，转而善待他人。如若人仅仅是因老或病就自戕己身，自暴自弃，随波逐流，听天由命，就是不善之举，也脱离了为人之根本。

写到此，不由得想起我所认识的一位老者，他患有严重的糖尿病，病情比他轻的一些糖尿病患者已经先后辞世了，可他至今仍健在。奥秘就在于，他以治病养生为乐，除遵医嘱外，自己还总结出一套生活经验。他的饮食起居中规中矩，井井有条。他每天都要监控尿糖，计算淀粉的摄入量，测量体重，进行娱乐消遣与室外活动等。日复一日，从不懈怠。其自我护理之精心、战胜疾病的心情之迫切、生存欲望之强烈，就是健康的人也少有能与他相比的。他顽强地活着，这本身就是上苍对他的奖掖。他所做的一切可用八个字加以概括——生命不息，永不放弃！

（王文元）

希望的向日葵

　　那块土地实在太贫瘠了，头一年种玉米，只长了细细的秸秆，连一穗成熟的玉米也没收获；第二年种黄豆，也只是收了些干瘪的豆美；后来又种过土豆、花生什么的，依然是白辛苦，所得寥寥？于是，我断言：这块地种什么都不长，没侍弄的价值了。

　　可爷爷依旧精心地侍弄它，还对早已泄气的我说："孩子，再试着种点儿别的，别轻易地放弃，放弃了播种，也就放弃了收获。"

　　这一年，爷爷种的是向日葵，结果获得了空前的大丰收。

　　多年后，我大学毕业，被分配到一个偏远的林区小镇教书。那地方闭塞落后，根本不重视教育。破烂的校园、混乱的管理，人浮于事，老师玩牌搓麻将成了家常便饭，学生大多也只是为了混张毕业证，并不指望能学到点儿什么。见此情形，涉世之初的我向领导提了些改进的意见，结果是领导嘴上哼哈着说"好好好"，实际上却根本无动于衷。我还被同事们好一顿嘲笑，他们笑我太幼稚了。

　　正当我垂头丧气地懊悔来到这么个破地方时，更大的打击接踵而至：女友来了一次，便满怀失望地走了，而且是永远地走出了那段我曾坚信不可动摇的爱情。

　　可以说，那是我生命中最失意的一段日子，沮丧几乎将我围得水泄不通。无比糟糕的现实，令我心灰意冷，甚至连"将来"这样的字眼儿都不敢去想。

　　就在这时，爷爷的邮包跋山涉水地到了这里。

　　打开包，是一粒粒油黑锃亮、特别饱满的瓜子，轻轻地抚摸我一向爱吃的瓜子，我再次读到了爷爷朴素而深情地叮嘱："孩子，别嫌弃土地，别忘了耕种，再贫瘠的土地也能生长希望。"

　　爷爷的话，如一阵清爽的风，吹入心扉，让我不由得想到了家乡那块我曾打算放弃的土地，想到了那一株株挺立的、生机勃勃的向日葵以及爷爷勤劳的身影……哦，爷爷说得对，轻言放弃，失去的将不只是一块土地，还会有……我不敢往下想了，赶紧振作起来，以更大的热情投身于生活当中。

　　后来，我不仅成了一名颇受学生和家长喜欢的教师，还成了多家杂志的特约撰稿人。每每看到我的学生学有所成，看到那一篇篇散发着墨香的文章，我便要由衷地在心底说一声："感谢那块贫瘠的土地，感谢那希望的向日葵，它们让我真正懂得了坚守究竟意味着什么。

　　　　　　　　　　　　　　　　　　　　　　　　　　（阿　健）

我不敢浪费青春

　　高中毕业，我拼死拼活好不容易考取了省城的一所大学。到9月15日开学的那一天，父亲仍为我开学还差的500元东跑西颠，母亲坐立不安急得流下了眼泪，正上初中的妹妹因我考上大学所需的庞大费用不得不辍学了。看着妹妹企盼的眼神、父母亲脸上的皱纹一道道加深，我的心被刺得生痛。最后，父亲带来邻村的牛贩子牵走了家里唯一的一头黄牛，全家人哭成了一团……

　　我交完学杂费只剩下一个月的生活费用。父亲送我到省城后匆忙回家，我攥着零散的角票、分票，知道每一分钱都浸透了父母亲的血汗。我不敢乱用，每天都吃最低等的菜，同时，我不敢出校门，每天除了食堂、寝室、教室外，我就扑在书本上，大学语文、高等数学等课程都超前学习。教室，我每天第一个进，最后一个出。上课，老师的每一句话我都认真听，老师的每一个语态动作我都不放过。系里举行的知识竞赛我都积极参加，学校举行的征文比赛、演讲大赛我都踊跃报名，还有校内南风文学社、书法协会、计算机协会都留下了我的名字。班主任还让我主办班刊。除了各项活动外，我就往校图书馆里钻。知识，对于每一个学子来说，都是公平的给与，关键在于自己怎样获取。记得班主任刚发下借阅证时，我是第一个进入图书馆一楼的借书处的，我一下子就找到了我需要的书：文学、人才学、当代中国史、计算机基础教程等。我买不起杂志，校图书馆三楼开设的中文报刊阅览室就成了我常去的地方。《黄金时代》、《深圳青年》、《中国校园文学》、《做人与处世》等几十种杂志我都阅读并作摘记。开始，连图书管理员都疑惑，但我每次去都主动热情地问好，没有多久，就跟他们熟悉了。

俗话说：有耕耘就有收获。没过两个月，我的学习成绩就很突出，班主任也很喜欢我这个懂事爱学习的农村穷学生，让我当班里的学习委员。系里的竞赛我得了两个一等奖，校里的竞赛我也取得较好名次。由于我办班刊要花时间，于是，放弃了学校各种社团的主要负责人的竞争，第一期班刊《雨荷》在10月底出来了，获得了系里老师和同学们的好评。一有空闲，我就练笔，偶尔有一两篇文章见报。看到这些用心血换来的成绩，我心里更加踏实。同时，我坚持两个星期给家里写一封信，汇报我在学校里的情况，让他们也分享我的喜悦。在一次家里的回信中，妹妹这样写道："……看到哥哥的成机（绩），妹妹感到很高兴，哥哥，你放心读书，我会尽力干活的……"我哭了，感激地给家里回信："……妹妹，哥哥对不起你，让你受苦了，等我毕业参加工作挣钱了，哥一定供你读书……爸妈，我一定会好好读书的。"

　　学校里，恋爱成风，可我不敢去奢望。有时，看到人家成双成对的，心里也升起杂念，但马上会想到父母亲脸上那深深的皱纹，妹妹企盼的眼神，于是，我就打消念头，直视前方平静地走过。班上也有漂亮的女孩子向我暗送秋波，但看到我竟无动于衷，都蔫了。为了鞭策自己，我在日记本的扉页上写道："大学，恋爱免谈。"

　　二十岁，正是学业突飞猛进的年龄，这也正是青年时代对人一生的重要性所在。当今的社会需要复合型人才。我在学好专业课的同时，也学其他方面的知识，我出生在农村，父母为了我读书，付出了最大的代价，乡亲们为我捐钱捐物，母校的恩师们的辛勤教育，还有，国家为培养一名大学生所作的投资，我作为一名大学生，有什么理由不学好各种知识本领来报答家乡，为祖国作贡献呢？

　　大学里，我不敢浪费青春！

（彭　鸿）

不排名次的小学

美国盐湖城冬奥会期间，当地的邦尼维尔小学邀请中国花样滑冰运动员到学校联欢。

联欢会在校礼堂举行，例行的嘉宾致辞、演节目、合影之后，中国驻美使馆的文化参赞上台宣布说，他带来了两个大熊猫玩具。

"我把大熊猫送给两位同学，一个送给学习成绩最好的男同学，另一个送给学习成绩最好的女同学。"

孩子们似乎没有听懂他的话，表情一片茫然。难道孩子们不喜欢大熊猫？

邦尼维尔小学有五个中国孩子，其中一个孩子的母亲晚上打电话说，那两个大熊猫给学校出了个小小的难题。"你知道，美国的小学教育是不强调名次的，根本没有谁的学习成绩最好最坏这个概念。我女儿只知道自己的分数，从来不知道别人的分数。"这位母亲说。

"那两个大熊猫是怎么处理的？"

"学校一开始也不知道该给谁。大使馆送的熊猫脖子上有一条彩带，写着给最好的男孩和女孩。学校想了个办法，改成了送给男孩们和女孩子们。这样，学校将永久保存这两个大熊猫玩具。"

（巴述丽）

生命中微妙的少

　　省城一家媒体有一个摄影师，与同事相比，他的工作量是比较少的。而且他一年四季总会有一段时间在外面采风，日子过得从从容容。而他的同事们，每天起早贪黑，为编排版面、赶写稿子忙得不亦乐乎。

　　后来，他的一张摄影作品得了"荷赛"国际大奖，这可是全世界顶级的新闻摄影奖项了，他的名字因此风行全国，成了名人。

　　但是，有人却说，如果单位年年给我那么长的创作假，我也能拿回大奖。仔细推敲一下，这话也不是没有道理。当繁重的出版任务占据大家大量的时间时，他却可以"超脱"出来，去干自己喜欢的事情。与同事相比他显得"多"的创作时间的确帮了他的大忙。但是，如果把这个命题进行倒推理，又是荒唐的，给你一年甚至两年时间进行创作，你能拿到"荷赛"大奖吗？显然这种推理是行不通的。

　　"多"和"少"，真的极其微妙。但可以肯定，"多"并不能成为亮点，"少而精"才能脱颖而出。假如两个作家，一个写了一千万字，天天伏案创作，但终其老也没有令人眼睛一亮的作品。另一个只写了几百万字，但恰恰这几百万字成为经典。你说哪个成功，哪个失败？多的承担虚无，少的承担收获。

这就是"少"的微妙力量。

现代生活忙忙碌碌，工作压力与日俱增，想"少"真的很难。但是，你心中必须要有一个"少"的理想，有些东西是否可以不要，有些工作是否不用事必躬亲，周而复始像复印机一样的生活是否应该有一个亮点？如果让忙碌持续下去，就会削弱你的精力和效率，你会淹没在工作之中，以至没有时间去做更重要的事情。我们是不是应该统筹一下自己的时间，去做一件自己感兴趣的事情。就像挖井，不能挖几锹就走人，而应集中精力挖下去，就有可能挖到甘泉。

人生需要亮点，就像树木需要水分一样，没有水分的树木，会干枯，会丧失生机。没有亮点的人生，乏善可陈，平平淡淡。但是，不要指望你的老板会让你轻松，会放你的假让你去干你喜欢的事情，如果遇上，那是上苍对你的恩赐。真正的现实是，当你脱颖而出时，老板才会觉得你与众不同，才会给你更加自由的时间。

我们要相信，一切都在自己的手中，当你集中心力，让你的工作或者生活有了亮点和精彩之后，那么亮点会带来亮点，精彩会带来精彩。

（流　沙）

心淡如菊

人生，在心淡中求满足，在淡定中求心安，在淡然中求快乐，在淡泊中求幸福。一生中，只要心淡如菊，就会守之以敛藏；利养丰饶，就会守之以俭朴；瞻仰人多，就会守之以谦下；朋侪嫉妒，就会守之以和忍。

现在，我常常看到心为形役、心为名利所累的人：精心膜拜于浮云尘事、仕途前程，执迷于各种所谓利益的诱惑，奔波于无尽的争逐之中，沉溺于灯红酒绿，流连于声色犬马、追名逐利……这些人吃的是山珍海味，玩的是灯红酒绿，但内心空虚、精神颓废，一旦他们的物质快感消失，人就会变得越发无聊。遇到生活、事业或情感挫折时，便会感慨"活着真累!"

当然，人生本来就是一个奋进的过程。这些精于心计、不择手段的人中也不乏"成功志士"，但是这种生存方式与生活态度，经不起狂风暴雨的洗礼，经不住"弹衣炮弹"的诱惑，生活在"海市蜃楼"之中，哪有幸福快乐可言! 行走于喧哗闹世之中，要能够怀有一种心淡如菊的心态，清静、安宁、祥和、知足而尽兴地享受生活的乐趣，这才是生命的真正意义所在。

我也遇到过心淡如菊、知足常乐的人：披星戴月，不畏严寒酷暑，向土地要粮的农民；早出晚归，风雨无阻，与钢筋混凝土为伴的工人；走街串巷，四处呼喊，靠引车卖浆糊口的小贩；四处奔波，为温饱忙碌的下岗人员。他们很少有人说"活得真累"，从没有怨声载道。当他们收获丰收时，顿时会喜上眉梢。

为什么现在社会上爱情婚姻红灯闪闪呢？一个主要原因是名利的诱惑。为此，一个人只有心淡如菊，心灵清净，不执著于外境的浸染，才能身处尘世，洁身自好。

心淡如菊，就会经常洗涤心灵上的灰尘。以纯洁的爱心去拥抱世界，世界才会拥抱你。心淡如菊，就会摒弃小我，以广博无边的慈悲心对待万物，才能消除物我、人我之间的对立，减少因烦恼、嫉妒、痛苦所带来的生命的内耗，从而让生命健康蓬勃发展。

有福莫享尽，福尽身贫穷。有势莫使尽，势尽冤相逢。福兮常自惜，势兮常自恭。人生骄与奢，有始多无终。人生中要始终保持一种心淡如菊的心态，顺其自然，淡然处之，你的生活就会充满阳光，人生就会幸福快乐，生命就会精彩灿烂。

心淡如菊，就会放下所有的繁杂，抛却世事的华丽与浮躁，冷眼旁观外界的诱惑和纷扰，就能在柔软的内心深处，把自己还原成那个本真纯洁的自我。热爱美丽，崇尚自然，寻找快乐，守望简单。

云卷云舒的怡然，才觉出最真；花开花落的洒脱，才品到最美。抛却繁杂，做回简单的自我，不以物喜，不以己悲。

（陆子涵）

难得淡定

苏轼有一首词："莫听穿林打叶声，何妨吟啸且徐行。竹杖芒鞋轻胜马，谁怕？一蓑烟雨任平生。料峭春风吹酒醒，微冷，山头斜照却相迎。回首向来萧瑟处，归去，也无风雨也无晴。"读来读去，我读出了两个字：淡定。淡定，是近年来颇时髦的一个词，但作为一种情怀和境界，却是古已有之。

东坡对自己的淡定是很自信的，一生坎坷，几经沉浮，就是靠淡定情怀才没有被打垮，而且活得很潇洒。不过，还有比他更淡定的。一天，东坡坐禅，茅塞顿开，悟出"八风吹不动"一语，非常满意。忙遣书童把字送到江对岸的老和尚佛印那里指正。佛印看后，在下面写了一个屁字。苏轼不由恼火，过江来评理。佛印一笑，又添几字，成了"一屁过江来"。看来，苏轼在淡定上比佛印还差了一大截。

淡定，是指面对危险和被动局面能做到"泰山崩于前而色不改，麋鹿兴于左而目不瞬"的镇定态度。昔日，诸葛亮面对司马懿大军压境，镇定自若，方寸不乱，别出心裁地唱了一出"空城计"，化险为夷，留下千古美谈。2011年2月11日，印度外长克里希纳在联合国发言时，念错了稿子，底下引起一片骚动，那是相当的尴尬。可克里希纳却镇定自若，微微一笑，颇有大将风度地说：啊，文件太多，忙中出错，看来文山会海真是害死人哪！淡定的一句话就巧妙地化解了被动局面，台下传来了善意的笑声和掌声。

淡定，也指在名利诱惑面前不为所动的淡泊精神，得之淡然，失之泰然。太史公有言："天下熙熙，皆为利来；天下攘攘，皆为利往。"乾隆问和珅：运河上千帆竞发，船来船往，都运的是什么？和珅答曰：一为名，一为利。可见，自古至今，能轻名利者不多。东汉将军冯异算是一个，他为人谦逊低调，每当宿营时，将领们就坐在一起争功，冯异却常一个人躲在树下休息，人称"大树将军"。这是在名前的淡定。东汉大臣甄宇也是一个，每年腊月祭祀后，皇帝要赏赐给博士每人一头羊。羊有大小肥瘦，很不好分，常引争执，甄宇就主动牵走了最瘦小的羊，人称"瘦羊博士"。这是在利前的淡定。

淡定，还指在胜败利钝面前从容不迫，胜不骄，败不馁。东晋时，淝水之战的捷报送到京城时，主帅谢安与客人正在下棋。他拿过捷报阅过，便随手放在一边，不动声色继续下棋，就好像什么也没有看到一般。他淡定如水，客人却忍不住问道："前方战事如何？"他漫不经心地回答："孩子们已打败了敌人。"依旧从容安详。这便是他的淡定涵养，"不以物喜，不以己悲"，胜败都是过眼云烟。

淡定，还有面对生死的自若精神。"千古艰难唯一死"，面对死亡仍能保持淡定，尤为难能可贵。金圣叹受"抗粮哭庙"案牵连而被朝廷处以极刑，泰然自若，临刑不惧，边酌边说："割头，痛事也，快事也；割头而先饮酒，痛快痛快。"嵇康遭人陷害，临刑前，神色不变，如同平常，还在刑场上抚了一曲《广陵散》。曲毕，叹息道："昔袁孝尼尝从吾学《广陵散》，吾每靳固之，《广陵散》于今绝矣！"说完后，嵇康从容就戮。

时下，戾气太重，使人总处于紧张之中，幸福指数大打折扣。有了淡定情怀，大家才能心平气和，轻看身外之物，直面灾害和困难，做到"宠辱不惊，闲看庭前花开花落；去留无意，漫观天外云卷云舒。"

（陈鲁民）

工作室咖啡，我是一块小方糖

　　几年前，我大学毕业后到一家软件公司应聘，职位是前台。好多朋友不解，其实前台虽小，学问却大着呢。

　　虽说已经做好心理准备，前台的工作依然让我手忙脚乱。接听电话、签收快件、订餐送水、迎送宾客，还有杂七杂八的事，往往一忙就是大半天，连口水也顾不上喝。miss 唐，请发个传真；miss 唐，准备会议室投影设备……"miss 唐"是个按钮，只要有人喊，就得马上运转起来。可我从来不急，努力将工作做到尽善尽美。时间久了，"miss 唐"被大家喊成了"蜜糖"，我欣然接受。

　　有一天，正当我在打印资料准备迎接大客户拜访时，市场部经理怒气冲冲地向我走来，啪的一下，将我订好的飞机票摔到台面上。"跟你说了多少遍，我要 12 号的机票，你偏给我订 14 号的！"我一愣，最初他明明交代我订 14 号的机票啊，而且他写的便签我还贴在备忘本里。正当我准备解释时，大老板带着大客户走了进来。

　　看着吵吵嚷嚷的市场部经理，大老板眉头一皱。原本已拿出备忘本的我马上低头道歉，同时将客户迎进会议室。我倒好茶水退出来后，几位同事纷纷为我抱不平："市场部经理向来目中无人，刚才就该将他写的便签条摔在他脸上。"我说："那怎么可以。刚才不只是大老板在场，还有重要客户。要是争执起来会让人家觉得咱们公司管理不善……"话没说完，就听见正走过来的大老板笑着说："你做得很对。"

不久，市场部需要一位助理。市场部经理找到我，问是否考虑做他的助理。对于上次的误会，事后他明白是自己错了，因此在我面前有些讪讪的，但我仍像以前一样对他笑脸相迎。我认真地想了想，同意了。有同事发感慨："蜜糖，你就等着被市场部经理蹂躏吧。"

市场助理的工作量很大，我不敢有丝毫的懈怠，工作精益求精。为了更好地与台湾客户沟通，我私下里学习闽南语。各项繁乱枯燥的销售指标，我背得滚瓜烂熟，可以脱口而出……

年终，市场部开庆功会。市场部经理端着酒杯来到我面前，说："当初找你做助理，其实是大老板的意思。看来大老板没看错人，你像块牛皮糖，有韧性，是可塑之才。"

之后，我先后在研发部、企划部、工程部做过不同的职位。两年后，当我熟悉了公司各个部门的工作流程和事项后，大老板将我喊到他的面前问："有没有兴趣做行政总监一职？"我欣喜而郑重地点了点头。

在新员工的培训中，我说："如今的职员像极了形形色色的糖果，有的像跳跳糖，随时想换工作，到头来竹篮打水一场空；有的像棒棒糖，一味取悦他人，被人榨干只剩下光秃秃的木棒；有的像口香糖，长年不思进取，嚼来嚼去，食之无味，随时有被抛弃的危险。"有新员工开玩笑："唐总监是蜜糖吧。"我笑了，说："虽然一直被大家喊蜜糖，但我自觉更像一块方糖。如果说工作是一杯苦涩的咖啡，难免有委屈和压力，唯有让自己变成一块香甜不腻的方糖，才能令咖啡美味香浓。"

（李尊杰）

与兄弟并肩行走

　　大学时最常做的，就是在宿舍熄灯后，与好友小韩和阿良从窗户翻出去，骑上没有后座的"宝马"，去市区的烧烤城大快朵颐。其实那时的目的并不是吃，吃时谈的话题才是真正需要宣泄的。眼见别人都抱得美人归，唯独我们兄弟三个，还可怜兮兮地戴着那光棍儿的帽子。

　　后来三个人终于加入了爱情的马拉松，苦心经营着爱情，再无以前的豪情出去大碗喝酒吃肉了。更多的时间，是跟在女孩子身后，提水、打饭、送早餐、占座位。原先我们鄙夷的那种做牛做马的生活，还没有伸手招呼，自己就迫不及待地一头闯了进去。虽然每次碰面，彼此会发些牢骚，说下辈子无论如何也要做一次女人，体会被男人追捧服侍的得意。但也只是说说，看见自己的女皇来了，照例再见也忘了说，一个箭步跑上去，将其热烈地拥入怀里。走出去老远了，才想起回头去看看那位在凄风苦雨里继续等待的兄弟。偶尔两个人的视线触碰到一起，竟会有一种温情又怅惘的情愫，流进许久没有开怀畅饮的心底。

毕业的时候，我终于抱得美人归。而小韩和阿良则很不幸，没有等到毕业，便被女孩无情地甩了。吃散伙饭的时候，女友幸福地依偎在我身边，看两个大男人一杯杯地喝着，时不时地举杯大声地要与"嫂子"碰一个。女友笑着回绝，他们便恶狠狠地来找我干杯。我答应了女友，不会喝醉，但那天，却是三个人横七竖八地倒在寂静的街头。

第二天，我们便携了各自的行李，奔赴不同的地方。只不过，上车的时候，小韩和阿良身边的座位上都是陌生的过客；而我，却有柔情似水的女友。我们彼此都没有为对方送行，只是在火车站入口处碰到了，各自打一拳，说，结婚的时候，记得告诉兄弟一声。说完了，便挤进人群里，再不回头。

一年后我结婚，打电话给他们，他们在那端都笑骂着，一定要将我的洞房闹个昏天黑地。我兴奋地给他们预订了贵宾的席位，临到最后，却只是收到了两个人的贺礼，原因，都无一例外地写着：忙。我打电话到他们家里，打算将他们好好骂上一通，却被他们的父母告知，两个人皆是喝酒到天亮，才醉醺醺地回来。我突然在这句话里，想起那个烂醉如泥的黎明，想起那些没有爱情却单纯快乐的往昔。我终于明白，我的幸福，伤害了如今依然寂寞的兄弟。

几个月后的光棍儿节，我几乎忘记，却是听说，小韩与阿良带着相机，回到母校，重温了那已逝的时光。我在同学录上，看到他们上传的照片，那幽静的小路、坐满情侣的石凳、墙壁斑驳的女生宿舍楼，每一处，都记载着我们的爱与激情。微笑着看到最后，便在一张光影朦胧的照片上呆愣住了。照片上是我一年多没有见过的小韩和阿良，两个人在当年我们坐过的夜市小石桌旁，对着镜头，举着酒杯；另一个空掉的座位旁，放着一双崭新的筷子，还有一只斟满了酒的杯子。他们在我缺席的光棍儿节，用这样的方式，表达着对过去美好往昔的回忆和留恋。而我，在美满的日子里，却是将曾经互相安慰鼓舞的并肩战斗的兄弟无情地淡忘了。

可是，我相信，总有一个节日，我会带着我的爱人，与两个兄弟重逢。那时，时光将不会遗忘任何一个。

（安　宁）

我的成功有秘诀

　　南京女孩阮露斐曾就读于南京市第一中学。而今，她不仅成长为"女子国际象棋特级大师"，同时她也是清华大学的一名高才生。去年下半学期，她奔赴美国卡内基梅隆大学留学，硕博连读，并获得大学为她提供的每年8万多美元的全额奖学金。

　　无论是下棋，还是学业，阮露斐是如何做到"棋"开得胜和学有所成的呢？

　　2011年6月初的一天，南京街头夏意正浓，阮露斐回到母校和学弟学妹们座谈，畅谈自己的成长历程和学习心得。原来，阮露斐在很小的时候，父亲是教她下中国象棋，小区里比她大的孩子都下不过她，父亲觉得她有天赋，就带她去体校学棋。去的那天恰巧教中国象棋的老师不在，于是转而学国际象棋。就是这么一次阴差阳错，让她从此和国际象棋结下了不解之缘。

　　读高一时，阮露斐被省体院聘为职业棋手，一边上学，一边下棋，同时进入国家集训队。训练充实而忙碌的生活延续将近一年，在空缺一学年的课程后，她重返校园。这时离期末考试已经很近了，课程知识出现严重"断层",学习压力之大可想而知。那段时间,她真有一种忙不过来的感觉,每天听课像听天书一样,在课堂上记住新知识,在课后再把断层补上。经过不懈努力,当课程前后贯通时,她常常有一种意想不到的感觉,会突然有一种恍然大悟和原来如此的惊喜。突击学习一个多月,她竟考出了全班第8名的好成绩。

不仅如此,在高中三年里,阮露斐大部分的时间都是在参加象棋集训和比赛中度过的,在校上课时间少得可怜。但是高考时,她竟考出了586分的高分。此外,在清华大学当年组织的冬令营考试中,她也是一考惊人,成绩超出规定的分数线40多分。清华大学随即承诺,只要她高考达到300分就能按体育特长生录取她,而她竟以高出286分的惊喜成绩入读清华。

入读清华后,阮露斐就读的是经济管理学院的会计专业。她一边上学,一边参加很多比赛,一路成长为"女子国际象棋特级大师"。2010年6月,她从清华大学毕业时,学业综合评分排名第二,是名副其实的高才生。两个月后,她申请到美国卡内基梅隆大学的硕博连读资格。

对于棋手而言,下棋风格不外乎有两种:一种是天天下棋训练,才有感觉;一种是基本功扎实,努力就有进步。阮露斐显然属于后者。2010年12月,在土耳其举办的"国际象棋世界锦标赛"上,她一路过关斩将,最终取得亚军席位。因此,她被组委会誉为本次比赛中"最黑的黑马"。

2011年，阮露斐因为要去美国留学，不得不宣布从江苏队"退役"，但在读硕博期间，她依然不会放弃一边读书一边下棋的人生构想，她还将参加2011年8月，在俄罗斯、土耳其、亚美尼亚等好几个国家联合举办的世界女子国际象棋大奖赛。

阮露斐说起自己成功的秘诀，一脸谦和和自信。她说："如果一个人的成功背后，天赋是其中的一个原因，那么另有两种能力是不可忽视的：一个是超强的自控力，另一个是坚忍不拔的毅力。"

阮霹斐正是凭着超乎常人的自控能力和坚忍不拔的毅力，才拥有了一双"双力合一"的翅膀，从而不断让生命进取，让成长飞扬，让青春如此激昂澎湃，无限辉煌。

（迩半坡）

为梦放行7分钟

我这里有一个关于"7分钟"的故事，想花3分钟时间讲给你听，希望你能收获到关乎"一辈子"的思索与感悟。

他是一个在钢厂炼钢的工人，整天围着焦炉转，焦炉像一个热鏊，让人焦灼难耐。这种工作环境，一般人是很难架得住的，他心动了。他的父亲也是炼钢厂的工人，一辈子都没有离开过焦炉。他想，父亲没有改变的命运，他一定要替父亲冲出窘迫的重围。

就在这样的时代，厂里出台了一个规定——任何人不准在工作时间看小说。

规定一出，那些躁动的青年眼球立马噤若寒蝉了。他们只能一心想着干活。

他是众多工人中胆大的一类，也是好学的一类，他想，厂里只是说不准看小说，但没说不准看诗集呀。

于是，他就找到了一本《普希金诗集》在工作的间隙琢磨。焦炉每隔10分钟出一炉，他3分钟就可以把活干完，剩余的时间，就用来啃那本诗集，间隙，还掏出铅笔头，写一写属于自己的诗。

不抖，这一举动被班长发现了，班长立即呵斥了这种行为，并警告他以后不准再犯。

就在这时候，工长进来了，略带批评地对班长说，年轻人看看诗集，有啥错？

班长不吭声了。

从此以后，揽焦车边，他的7分钟被匀出来了。他每天利用若干个这样的7分钟，读诗，写诗，发表。后来，偶然的机缘，他的诗歌被厂里宣传部部长看到了，把他调到了宣传部。再后来，社会变了，一切都变了，通过应聘，他到了一家著名的杂志社做了编辑。

如今，坐在宽敞明亮的办公室里，他的手边仍不离当年那本翻烂了的《普希金诗集》，还有当年为他放行7分钟的工长的照片。

他说，他将永远铭记工长为他梦想放行的7分钟，是那样短短的7分钟，改变了他一辈子的命运。

（李丹崖）

把该做的事情做好

　　台湾星云法师曾经给他的信众讲过这样一个故事：日本江户时代有一位名叫大愚良宽的禅师，一生致力于参禅修行，不曾松懈过一天。

　　在他年老之际，一日，家乡捎来消息，说他外甥不务正业，整天吃喝玩乐，快要弄得倾家荡产了，乡亲父老看不下去，希望法师能够劝劝他的外甥，让其浪子回头，重新做人。

　　于是，大愚禅师不辞劳苦，整整走了三天的路，回到阔别已久的故乡。外甥见到久违的舅舅回来了，很是高兴，恳请禅师留宿一宿。

　　大愚禅师在俗家床上打坐了一夜。第二天清晨，他准备告辞离去，坐在床上穿鞋时，他的双手一直在抖，花了很大的劲儿都系不好鞋带。外甥见状，便蹲下来帮舅舅将鞋带绑好。

　　这时，大愚禅师慈祥地对外甥说："谢谢你了！你看，人老了真是一点用都没有，你好好保重自己，趁年轻的时候好好做人，把该做的事情做好！"

说完，大愚禅师头也不回地走了，并未对外甥的放荡行径有一丝责备。从那天起，他的外甥再也没有吃喝玩乐过一天，洗心革面，终有所成。

（羽　竹）

忙比闲珍贵

下午刚刚步入机关大门时，突然背后传来一个熟悉的声音："小齐，还是这么年轻，这么精神呀！"我回头一看，原来是退休一年的老领导。当我上前热情地与他握手时，突然发现一年间他竟变得有些苍老了。问及他退休后的生活时，老领导一脸的怅然："自打不上班，在家无所事事，生活也没了灿烂，真留恋工作着的日子！"

老领导一番发自肺腑的话语，让我突然间想到了高尔基的一句名言：工作着是美丽的。达·芬奇也说："勤劳一日，可得一夜安眠；勤劳一生，可得幸福长眠。"确实，工作中的忙碌本身是快乐的，虽然在工作中会遇到种种挫折和不快，让人难受、愤怒和悲哀，但是每当我们克服或战胜这些不快时，得到的却是更多的快乐。

不少人有这样的感觉，在紧张工作的一段时间，会感到身心俱疲，非常羡慕悠闲的生活，总希望有一段休假，让自己好好放松一下。可到了终于可以放松一些的时候，我们居然会怀念起玩儿命工作、熬夜学习的日子来，虽然辛苦，可它是充实的、发光的，像是在燃烧自己一样，耐人寻味。当悠闲得能感觉到分分秒秒从指间流过时，我们会惶恐、害怕起来，这样下去自己的明天在哪里呢？

美国有一位叫雷莉丝的儿科医生，她退休后在91岁高龄时又开了诊所。经她治愈的儿童不计其数，更令人惊奇的是，她现在已经100岁了，仍然在她的岗位上忙碌着。雷莉丝为什么要放弃安逸、享福的生活，而选择忙碌？或许我们可以从老人的话中找到最佳的答案，她说："只要有工作，我就感到其乐无穷。"

从很多事例中我们不难看出，忙碌的生命才更有韧性，也才更快乐和健康。一般人认为，紧张、繁忙的工作会影响身体健康，传统的养生之道多强调休息和宁静。但生活如果过分地松弛、散漫，也同样不利于身心健康。有这么一句名言：闲散犹如酸醋，会软化精神的钙质。捷克作家米兰·昆德拉曾说："一切重压与负担，人都可以承受，它会使人坦荡而充实地活着，最不能承受的恰恰是轻松。"这是因为，良好的情绪是维护正常生理机能的前提，是防病治病的重要因素。一个人如果没有一点压力，松松垮垮，无所事事，就会在闲散中慢慢磨去锐意，钝化志趣，莫名的空虚、寂寞、孤独、忧愁就会不时袭来，自然不可能精神愉快，身体健康。

美国教育家卡耐基说过："要忙碌，要保持忙碌，它是世界上最便宜的药，也是最美好的药。"生活的经验告诉我们，忙碌的工作可以排除人们的孤独感与忧愁感，能增添生活情趣，给人带来欢乐和充实，使人保持良好的情绪，不仅有利于提高工作和学习效率，而且有益于身心健康。

在人生的长河里，我们不能决定生命的长度，但可以拓展它的宽度；我们不能要求事事顺利，但可以做到事事尽心。这些都能在工作与忙碌中获取和实现。

在人生中尽情地享受忙碌吧！忙碌让你精神焕发，魅力无穷；让你潇洒自信，思维活跃；让你爱别人，别人也爱你。忙碌给别人带来愉快，也给自己带来快乐。忙碌把生命打磨得像钻石般熠熠发亮，迸射出迷人的光彩。忙碌是充实的，更是美丽和幸福的！

（章睿齐）

做人要做"无心"人

人世间有些事情说来也怪，当你有意去做时，结果却"事与愿违"，而在你不经意的情况下却会出现"意外收获"。难怪人们时常发出"有意栽花花不开，无心插柳柳成荫"的感叹，不少人也因"好心办了坏事"而惹出诸多烦恼。因此，做人处事还是"无心"为妙。

宋仁宗时代的名臣韩琦曾说过："处事不可有心，有心则不自然，不自然则忧。"他在太原为官时就深有体会。太原当地风行弓箭之术，民间组织了箭术同好会。他在太原任职期间，并未加以禁止，也没有采取奖励措施，老百姓自动自发，乐在其中，对于地方的防卫，也有助益。可是后任的宋祈却对此事别有用心，下令给这些练习弓箭之术的人进行登记，编成部队，不用木弓，改用角弓。太原人本来因不太富有才用木弓，如今命令既下，大家只好卖牛买弓，终于引起了很大的骚乱。这就是想要加以利用的居心所致。

在日常生活中，做"有心人"容易，而做"无心人"却很难。因为，"无心人"并非是什么都不想、什么都不做的那种袖手旁观的懒惰者，而是一种做人处事的最高境界，是一个人能力和智慧的结晶，看似"无心"胜"有心"。要达到这种境界，良策有三。

1. 顺其自然莫强求。被称做"为人处世大全"的《菜根谭》有这样的名言："如欲使对方有所行动，而动不动时，毋宁使对方自由去做，反而会照着你的想法行动。如果勉强对方行动，反而使对方更加顽固。"譬如，在家庭中，本来想鼓励孩子读书，但是由于用心良苦而显得急于求成，经常在孩子面前唠唠叨叨。这样，越是强迫孩子读书，孩子越发感到厌倦，反而丧失了读书的兴趣，结果"欲速则不达"。最好的办法就是顺其自然，采取循序渐进的方式去"急脉缓灸"，慢慢培养其读书的兴趣，这样才能达到预期的效果。

当然，并非在所有的情况下都能达到这样的境界，必须还有附加条件。顺其自然，虽不能强求，但也不能缺乏引导。若辅以正确的引导，貌似放任不管，对方却能自己行动起来，加之不是你有意去勉强对方，所以对方不感到被动，却不知不觉地照着你的意志在行动。

2. 大智若愚装糊涂。《老子》中说："取天下者常以无事，及其有事不足以取天下。"这就警示人们，做人要宽宏大量，不要事事计较，处处当真，对于一些小事要装着糊涂，让人三分，这样的人才称得上懂得做人之道。

唐代宗时，郭子仪因平定安史之乱有功，受到唐代宗的敬重，代宗遂将升平公主许配与其子郭暖为妻。这小两口都自恃有老子做后台，互不服软。有一次发生口角，郭暖愤愤不平地说："你有什么了不起，就仗着你老子是皇上！实话告诉你吧，你父亲的江山是我老子打败了安禄山才保全的，我老子因为瞧不起皇帝的宝座，才没当这个皇帝。"这下可闯了弥天大祸，升平公主抓住话柄就直奔皇宫去告御状。唐代宗一听，不动声色地对女儿劝慰了一番，并声称女婿说的都是实情，不要动辄就扣"谋反"的帽子。郭子仪知道这件事后很害怕，就把儿子绑到皇帝面前去请罪，唐代宗不仅没治罪，反而和颜悦色地劝道："小两口吵嘴，话说得过分点，我们当老人的不要认真。"就这样，眼见一场大祸化作芥蒂小事。唐代宗这时所表现出的就是"无心人"的大智若愚态度。倘若唐代宗句句当真，就会招致很多麻烦，不知有多少家庭受到株连。那样的话，他的皇位恐怕也会因此产生动摇。

有些事情往往就是这样：你非要硬去叫真，就会惹来麻烦。相反，你若"装着糊涂"，表现出"大智若愚"的态度，也许会有满意的结果。

3. 韬光养晦藏锐锋。"韬光养晦"是"无心人"的一种精到的做人之道，是人生的应变之术。常常是在自己处于不利的环境下，为了保全自己以图东山再起的一种以柔克刚的处世谋略。

三国时，刘备在沛城被吕布打败后，失去了栖身之地，只好投曹操麾下。后来，曹操移师许昌，也带着刘备，目的是要控制刘备。刘备既不甘居于人下，又怕曹操谋害自己，因此，装出胸无大志、无所用心的样子，还在住处后院开了一块地种菜，亲自浇灌。一天，曹操请刘备小酌，煮酒论英雄。酒至半酣，曹操说：“古今天下，英雄惟有使君与吾耳。”刘备以为曹操看出了自己的心思，心里一惊，手中的匙箸掉在地上。正巧霹雳雷声，大雨骤至，刘备随机应变，说：“圣人云‘迅雷风烈必变’。一震之威，乃至于此。”曹操听后说：“雷乃天地阴阳击搏之声，何为惊怕？”刘备接着道：“我从小害怕雷声，一听见雷声只恨无处躲藏。”曹操听罢，一声冷笑，认为刘备是个无胆、无识、无用之人。从此放松了对刘备的戒备。刘备用韬光养晦之计，隐藏锋芒，才得以从曹操的忌恨中平安脱身，日后方才造就“三国鼎立”之势。

韬光养晦的目的在于避免“有心人”所表现出来的那种急于求成、锋芒毕露、硬拼蛮干的处世态度，有利于培养自己处理好各种人际关系和诸多事务的能力和技巧，从而使自己戒骄戒躁、踏踏实实地步入人生旅途。

（张天儒）

小人可以是君子的老师

一个做科长的朋友最近心情很不好，原因是他在竞争市交通局副局长的时候，被某同事用不正当手段挤了下去。朋友是早年从外地调来的，几个月前通过笔试，顺利进入单位副职候选对象考察名单，正在关口，原单位突然有人用匿名信揭发，说他当年在公路招标过程中索贿受贿，且在外面包养情人。有关部门经过调查，证明事情子虚乌有，那位唆使别人写匿名信的同事也受到了严肃处分。但单位的竞职没等调查结果出来就搞完了，朋友没有实现自己升职的愿望。

朋友的经历是典型的君子被小人暗算，被小人算计的君子其实比比皆是。历史上有个非常著名的例子。南朝齐明帝萧鸾从堂侄——齐武帝萧赜的儿子萧昭文手里抢得帝位后，担心谢朓的岳父、齐武帝的心腹猛将王敬则反叛，加重兵监视。王敬则非常恐惧，其第五子王幼隆替父分忧，派人联系谢朓，共商对策。不料，谢朓一心想邀功取宠，他扣住大舅哥派来的人，径直告发，其岳父王敬则被灭族，谢朓因此升为尚书吏部郎。谢朓的妻子气愤不过，执意为父兄报仇，常怀利刃企图刺杀谢朓，弄得谢大诗人有家难归。

在君子与小人的交锋中，君子往往沦为失败者，原因很简单：君子讲规则，小人不择手段；君子重良知，相信"举头三尺有神明"，小人只看利益，认为"人不为己，天诛地灭"；君子对他人的不幸有恻隐之心，小人对别人的痛苦幸灾乐祸。正因为君子经常斗不过小人，君子也就最痛恨小人。不过，从另一个角度看问题，小人对君子也并非全是害处，他们有时其实也"成就"了君子。

首先，小人"告诉"君子与人做朋友要看人品。前面说过，小人是坏得没有底线的人，他们干什么都没有顾忌，君子与他们打交道，时刻得提防他们搞自己的路子。为了最大限度地让自己免受小人的伤害，君子最正确的做法是先以开放的心态跟周围每一个人打交道，再用心观察这些人的人品，觉得某个人品德高尚，就将其纳入自己的交际圈；觉得某个人不讲道德，就坚决疏远他。交朋友做到了人品优先，君子被小人伤害的几率也就会大大降低。

世上没有一个人不喜欢别人高尚，因为一个人的高尚能给他人带来安全感，灵魂卑鄙的人是不会有多少真心朋友的。小人不管当初活得多么得意，最后大多没有好下场，就说明了这个道理。小人等于以自己的肮脏行为和可耻下场给君子上了第二课：做人不能太自私太卑鄙。

小人还能"增强"君子行事的理性色彩。人人都厌恶小人，即使是小人，他也希望自己碰到的是君子，以便实施自己的阴谋诡计，但小人脸上并没有写标签，相反，他们比任何人都善于伪装，许多时候显得比君子还君子，正因为如此，我们可以拒绝小人成为你的朋友，但不大可能完全不跟小人打交道。为了避免让小人抓到自己的把柄，君子只能事事小心，比如说话尽可能不意气用事，不主观偏颇；做事看重细节，重视必走的程序。行事一步步走向理性，君子也就实现了人格的某种成长。

君子永远成不了小人的老师，小人之所以是小人，就是因为一贯拒绝向君子学习；但小人可以成为君子的"老师"，君子在小人的虎视眈眈中会逐渐变得完美，从而抵达道德、事业的高地。

（游宇明）

我的外国同学们

在美国留学，给我印象最深刻的，不是所谓的文化冲击，而是我身边的同学，他们在生活的风霜雪雨中，都以鲜明的姿态，努力地活出最好的自己。

维罗利卡，女，40岁的美籍西班牙人。

初次见她，我们俩都在等校车。学校的拉拉队员们成群结队地从我们面前经过，超短裙，浓艳的脸蛋，大声喧哗着，肆无忌惮地宣泄着自己的青春。维罗利卡朝我笑笑说："他们太大声了！"我注意到岁月已在她脸上刻下痕迹，但她笑起来时，还是那么灿烂。当校车在浓如墨色的黑夜中前行时，我们交谈起来。她说她在市立医院做心理辅导，记得当时一无所知的我还问她工作是不是很有意思。后来我才知道，所谓的市立医院就相当于北京的安定医院，里面不仅有接受治疗的精神病人，更有因精神疾病而犯下可怖罪行的杀人犯。

维罗利卡的未婚夫死于车祸，那时她已经怀孕，今年孩子已经16岁了。她同时学习心理学和人类学两门课程的硕士学位，下班后经常要坐1个多小时的校车来学校上课。说到这儿，她自嘲地笑了："我毕竟40多岁了，经常在校车上呼呼大睡，希望学完后，能找到一份好工作！"她也跟我谈她的感情生活，"有个男人，竟然嫌我爱笑，要知道，我只是哈哈大笑，并不是像个巫婆那样桀桀地笑！"她耸了耸肩，幸福地笑了。

蒙娜丽莎，女，40岁的美国白人。

她的名字真是太好记了，跟世界名画同名。记得第一次见她，她正摆弄着手中的Kindle电子书，告诉我不用买课本，网上下载电子书要便宜得多。当她得知我初来乍到，对周围环境不熟悉时，就鼓励我坐巴士，每次走不同的路线来熟悉地形。她刚来时就是这样做的。我提到我远离亲人、前途未卜的烦恼，她教我冥想，看看蓝天，闻闻青草和泥土的香气，对烦恼说，你先走开一会儿吧。这时她笑了："真滑稽，你是中国人，竟然要一个老外教你冥想！"聊深了，才知道她竟然上过战场，有战后心理创伤症。可她还是那么幽默开朗，当我们的老师问大家宝宝刚出生时头比较大意味着什么时，她大声地说："那是难产！"拿到公共管理硕士学位后，她想在社区大学当老师。她说："我喜欢和人打交道！"

蒂尼丝，女，50岁的美国白人。

得知她50岁并有三个儿子时，我大吃一惊。她边工作，边上完了6门公共管理硕士的课程，而且门门是A，并因此得到了1000美元的奖学金。当我对她大加表扬时，她腼腆地笑了："年轻时我就想继续深造，可条件不允许，那时儿子还小，很多地方要用钱，我打两份工，白天在公司上班，晚上在餐馆打工。现在儿子们都大了，我也终于回到学校，实现我年轻时的梦想！"

弗朗西斯，男，50岁的美国黑人。

他是我的同班同学，在一家超市当库管，每天下午4点到次日凌晨4点，他要赶去上班。业余时间除了补充睡眠，就是学习，几年来，完成了公共管理本科的课程，取得了学位。可是由于种族歧视，他没能得到升迁。他的主管虽然只是高中毕业，但因为是个白人，一直占据着主管的位置。"那文凭不是没有改变你的生活吗？为什么你还要接着念公共管理硕士呢？"我好奇地问他。他无奈地笑了："我就是喜欢学习，我相信知识终有一天会改变我的命运！"

（崔 薇）

在心境里织一面网

　　街面上，人潮如鲫，那些来来往往的人们，有的与我们擦肩而过，有的和我们朝着一个相同的方向走，少有一丝清闲在，如热锅上忙于奔命的蚂蚁。每每看到这样的街景，想想如此庸常忙碌的人生，耳边都会想起一首诗：

　　烟为行止水为家，

　　两两二二睡暖沙。

　　为谢离鸾兼别鹄，

　　如何禁得向天涯。

　　诗是唐人吴融的手笔，名作《水鸟》，读此诗，人与鸟相较，顿觉差出一大截。水鸟尚知道自己心灵的家园，以及悠然地享受自己的生活，而人呢，多在奔忙的路上，丢失了灵魂的钥匙，无法开启心灵舒适的门。难怪，俗世里，有太多的人仰天长叹，何时才能结束寄人篱下的生活？他们总是忘记扪心自问，我心中那把开心的钥匙还在吗？什么时候、丢弃在什么地方了？

　　是不是丢失在成人礼，丢失在各类相互角力的竞赛，丢失在觥筹交错的宴席间，丢失在相互攀比的首饰盒里……我自己也扪心自问，我是农村长大的孩子，小时候的我并没有多少可以寻开心的东西，那时候，几个小孩子在一起玩尿泥也是快乐的，而我的快乐恰恰是丢在不再玩尿泥，丢失在知道尿泥的骚味了！那时候，我要背着书包去上学，去考取市里的重点初高中，负担太重，快乐无处下脚，只得出逃。后来，我学业有成，也在城市安了家，才发现真正懂得享受生活的人都把自己的家搬到郊区和乡村了，我开始不理解，后来才逐渐发觉，那个曾经我急于要挣脱要逃离的地方，才是让人最心安、最舒适惬意的地方。

很多人如我，总是一心朝着梦想的方向奔走，梦想在握了，才发现心灵真正想要的东西却背道而驰了。正如英国"鱼之水"咨询公司执行总裁罗布·戴维所说：外表光鲜的富豪们都有自己心灵上的弱点。

我们虽不是富豪，我们在向往成为富豪的路上丢失了自我，丢失了原本在心灵中常驻的那份愉悦。很多人总是盼着快乐如同日不落，其实，细数当今的世人，太多的人都是"日头落下去，心事升起来"，城市的灯火明亮，有多少人把心智湮息在闪亮的霓虹里，湮息在你你我我的应酬里，湮息在匆忙的归程里，湮息在得不到却非要得到的黯然神伤里。

这样，我们的心境怎能清澈见底，我们心灵的秋千架上怎会有快乐的秋千荡起来？

小学的作文课上，还在布置类似于《我的梦想是……》的作文题目，孩子们为了博取老师的欢心，为了自己那点小小的虚荣，无一例外地都在填写"科学家""教授""文学家"等等高远的目标。我们总是从小就忘了什么才是我们最需要的，我们总是忘了，成为一切的一切，都不如让我们成为一个快乐的人。

　　有时候，静下心来想一想，还是在心境里织一面网吧，化网成筛，滤下苦难、挫折、阴郁，把成功、阳光和快乐粘滞在心灵的网上，那才是我们最急需的战利品。

（李丹崖）

丢失的玩具

　　朋友在画数字油画，当那些五彩斑斓的"作品"呈现在眼前的时候，朋友不无得意地对我说："瞧你，学画画学了那么多年，还没画过凡·高的《向日葵》吧？我现在都能画出大师级作品啦，怎么样？而且我的画有人收购，可以赚不少外快呢！"那是怎样的一幅《向日葵》？远观貌似接近原作，近看细腻工整、一丝不苟，简直与凡·高奔放不羁的灵魂背道而驰。

　　画油画的人形容作品时会用到一句话："远看青山绿水，近看牛屎成堆。"话虽不雅，但它生动地反映出油画的乐趣恰恰取决于这"成堆的牛屎"。那是颜料的美妙调和，是画具的翩跹起舞，更是灵感的肆意绽放，我们称其"笔触"。笔触的纵横走向及厚薄虚实，本真地反映出画者的动作，渗透了画者内心的起伏。它们或凛冽如东风或滋润似春雨，或大刀阔斧或精雕细琢，让人欣赏之余回味无穷。当然，有的画采用透明薄涂层层渲染，笔触细密冷静，贯穿了画者严谨的思索。丘吉尔在《我与绘画的缘分》中，把绘画称为"充满了销魂荡魄般发现的无休止的航行"；"航行"是一个过程，而过程正是绘画的魅力所在。

数字油画恰恰抛弃了这个过程：画纸上已经印有底稿，并且用蜿蜒的线条将形色分割成若干区域，俨然一幅行政区划图。颜料已在工厂调配好，画者只要将标注有数字的颜料涂抹在对应数字的区域内即大功告成。它甚至采用丙烯作为颜料，用水稀释，操作简便。对于朋友来说，数字油画确有一番DIY乐趣；但是对于体验过真正的油画带来的激情和惬意的我来说，这简直就是令人望而生畏的机械操作。这种操作需要你唯唯诺诺、小心翼翼，毕竟几十上百种颜色，要把数字比对正确也并非易事。虽然完成的画面精美圆润看似没有瑕疵，但它千人一面、呆板空洞，只是一具没有灵魂的躯壳。

我真羡慕那些小孩子。他们捡根树枝或拾个石子，就可以在沙滩或泥土上天马行空地作画。他们无所顾忌，不在意画得好不好像不像，甚至不在乎画出的图案会消失于潮水或风沙。一只小狗无意中闯进他们的画面，他们竟哈哈大笑起来："快来看哪，多漂亮的花朵！"是的，我固执地以为，绘画是一种有意思的玩具，把它扔上了流水线，真的是枯燥乏味。

譬如一辆摩托车，如果你仅仅把它当做交通工具，你只会希望骑着它安全快捷地到达目的地。如果你把它看做玩具甚至你的亲密伙伴的话，你绝不会老老实实在路上跑，你会不由自主冲下路基，颠簸于弯弯曲曲的坡道，灰头土脸却乐此不疲。你驾驭它，不一定有明确的目的地；正如你享受绘画，不一定要画出让人夸赞的作品。

渔民驾舟撒网，高效迅速；钓翁执竿而垂，悠闲从容；前者为"鱼"，后者乐"渔"。鱼竿这玩具，玩的正是这番回归自然、疏离喧嚣的心境吧？

时常听到这样的抱怨：物质水平提高了，却感到愈发空虚无聊。我想，这是不是生活在现代的人，把很多玩具都规范成工具的缘故？这个世界不停地提速，我们苛求近乎完美的结果，却等不及事物慢慢生长的过程。我们通电话聊视频，懒得将要说的话一字一句写下来贴上邮票，那份望穿秋水的忐忑心情已然成了老皇历。我们乘飞机直飞目的地，无须舟车劳顿风尘仆仆，那些不经意的路边美景就此删去。我们可以在世界上不同的地方吃到相同的食物，它们完全采用相同的食材和统一的工序精确加工而成，使味蕾的好奇和期待消失殆尽。

其实，玩具毋需昂贵。看看那些贫困山区的孩子，他们没有变形金刚没有芭比娃娃，他们爬树探洞捉小鱼，照样玩得不亦乐乎，他们用纯真的笑脸对抗生活的艰辛。而我们，在紧锣密鼓的催促声中"快长快大"，一路走来，我们丢失了那么多玩具，也就失去了生活本真的纯粹与乐趣。

（牧心袅袅）

把讽刺踩在脚下的韩寒

2011年中国作家富豪榜于11月21日发布，其中韩寒以600万元版税名列第7位。

可以说，韩寒成功的很大动力源自当初别人对他的讽刺。

作为体育特招生进入上海市某重点中学后，韩寒的成绩实在糟糕，考试往往多门功课不及格，面对同学的鄙视，他只能自我解嘲：六门功课挂红灯，照亮我的前程！

"请你来我们学校，校长有事和你商量。"班主任打电话到韩寒的家里，要他的父亲韩仁钧到学校去。

"韩寒的学习越来越差，上课经常迟到，课堂上他有时睡觉，有时乱写乱画，有时偷看课外书；在寝室里面，他闹得乱哄哄的……"校长告诉韩寒的父亲，"班级的分数都让他扣光了！"

"由于韩寒违反学校纪律，如果他要继续读下去，就要对他进行处分；如果韩寒考试不及格再次留级，根据学校规定他就得退学或者转学。"

校长对韩仁钧说，"现在最好的办法是让他休学1年，学校为他保留学籍，如果1年以后他想读书，还可以回到学校。"

校长把话说到这个地步，韩仁钧只得征求儿子的意见："你是怎样考虑的？"

韩寒果断地回答："非常愿意休学。"

"我尊重你的选择。"韩仁钧说。

"没有文凭，将来你凭借什么养活自己？"在办理休学手续的时候，其他老师忧心忡忡地询问韩寒。

"版税！"满脸稚气的韩寒鼓着勇气回答。听到这话，在场的老师觉得特别可笑：这个孩子不过是偶尔在少年杂志上发表几篇稿子，竟然想依靠稿费生活，真是不知天高地厚！老师冷漠的表情、鄙视的眼神，韩寒看在眼里，记于心中。

爸爸也甚为孩子的狂妄而无颜。"爸爸，你放心，将来用得到的知识我会自学的，况且我会做出成绩来证明自己虽然无文凭，但是有水平。"韩寒先安慰父亲，然后郑重地说，"别人看不起我，我要看得起自己。"

其实，想用成绩证明自己能力的韩寒，早就开始行动：休学前，他已经在课堂上偷偷地写出小说《三重门》。

"在什么课堂上写的？"父亲问。

"只要灵感来，什么课堂上都写。"韩寒说。

20万字的《三重门》，属于韩寒长篇小说中的处女作。萌芽杂志社的胡玮莳、赵长天阅读后，觉得《三重门》有价值，于是帮助韩寒推荐给出版社。

耐心地等待6个月，韩寒才收到那家出版社的消息，在给他的退稿信中，编辑以十分藐视的语气说，"小说某些地方格调不高，使人怀疑作者本身的品位。"

韩寒对那个编辑的看法感到不服气，于是把《三重门》投给其他出版社。

经作家出版社出版后，《三重门》深受读者喜爱，为当年年度全国最畅销图书，连续10个月排名榜首、33个月上全国图书销售排行榜；在日本、法国、越南等几个国家出版发行。《三重门》的出版为韩寒带来200万元的版税。

虽然韩寒受到了讽刺，但是他没有在讽刺中委靡不振，而是把讽刺化为动力，以另类的方式锐意进取。其实讽刺不可怕，可怕的是被讽刺击倒。如果把讽刺作为激励，激发你锐意进取，那么你会走出以前没有的路，"知耻近乎于勇"就是这个道理。

（杨兴文）

半途而悔

单位组织旅游，景区里有一座山，导游说，山顶有一个绝佳的观景台，可以观览景区全貌，但山路有点陡峭，会比较辛苦。辗转了几百公里来到这里，就是为了看景的，当然要攀登上去，除了几个年龄大、体质弱的老同事外，其他人在互相鼓动下，都跟着导游上了山。

一路欢声笑语。爬到半山腰，山路骤然变窄，一侧是峭壁，一侧是断崖，崎岖而险峻。大家个个气喘吁吁，面色凝重。抬头仰望面前看不到尽头的陡峭山路，几个同事开始后悔了，有人打起了退堂鼓。都已经爬到半山腰了，咬咬牙，就爬到山顶了，在众人的勉励下，后悔的几个同事发生了分化，有的咬着嘴唇，表示继续攀爬，另外两个同事则坚决不肯再往上爬了，两人掉头而返。

总算攀上了山顶。站在最高的山岩上，往下俯瞰，整个景区云雾缭绕，恍如仙境，与我们在山下所见的迥然不同。山风吹在脸上，更是宛若仙人拂面，清凉惬意至极。几个在半山腰还后悔的同事，显得比其他人更激动，差一点就错过了这绝佳的风景，要是真的半途而返，这一趟就算白来了。

很多时候，只要坚定信念坚持到底，你就会成功地站在巅峰，看到不一样的景致，并庆幸自己没有因为半途的悔意，而动摇放弃。

　　我有个同学，在几个朋友的撺掇游说下，辞去了公职，合伙办了一家当时前景看好的外贸公司。几个人利用各自原有的人脉优势，一度将生意做得很红火。孰料好景不长，就在公司稳步增长的时候，恰遇重创全球经济的金融危机，外贸出口一落千丈，他们的生意也跟着遭遇"滑铁卢"，订单越来越少。这时候，同学开始后悔了，后悔自己当初听了他们的话，贸然辞职；后悔选择了这个利润和风险都很大的外贸生意；后悔将自己的全部家当都追加了进来……总之，看着眼前的颓势，同学的肠子都悔青了。于是，他萌生了退意，几个合伙人轮番劝说，认为只要再咬咬牙，坚持度过这段困难时期，世界经济必然复苏，外贸生意也必将迎来第二个春天。然而，同学去意已决，断然抽身，用剩余的资金开了一家小卖部，艰难度日。谁知道第二年，各国刺激经济计划显露成效，全球经济开始复苏，外贸订单像雪片一样飘来，同学原来参股的外贸公司乘势而上，很快扭转颓局，创造了一个又一个市场神话。这一次，我的仍然守着小店过日子的同学，又一次悔青了肠子。

　　还有一个更极端的例子。我的一个远房侄子，大学毕业之后，没有去找工作，而是全力以赴考研。第一年，没考上，第二年又差了几分而名落孙山，眼看第三年了，何去何从？这时候，和他一起毕业的同学，有的早考取了公务员，有的已做了企业白领，有的虽然在小私企但已经升了职，自感一事无成的他，忽然后悔自己考研的选择，如果也一毕业就参加各种招考的话，说不定自己现在也是某个机关的公务员了。想到这，他决定放弃考研的梦想。通过父亲的关系，他进了一家单位，过上了朝九晚五的稳定生活。几年之后，当初和他一样，几次考研失败的同学，最终都考取了理想的学校，有的后来还考上了名校的博士。这时候，他又后悔了，后悔自己当初怎么就没有恒心，如果也像他们一样坚持，自己也一定能考上研究生的。然而，重走考研路，他已经没有信心了，他决定另辟新路，辞掉工作，自己开一家网店，只要生意做大了，钱挣得足够多，一样有体面。进了这一行才发觉，网店太多，生意根本不像自己想象得那么好做，几年下来，只是勉强维持。回头再一看，自己原来单位的几个小同事，通过竞争上岗，竟然一个个都走上了中层管理岗位，成了干部。这一次，他又后悔了，要是坚持在那家单位上班，无论是凭自己的能力，还是资历和关系，他都不会输给他们。

一次次的半途后悔，一次次的半途而退，使我的这位远房侄子，一次次陷入迷茫和无措的境地。我知道，不管他选择什么，如果不能坚持，下一次的后悔，一定已经在半路等着他。

半途而悔，不能坚持，是挫败的根源。除非走到一半，发现这是一条死胡同、断头路，永远不要在半路上后悔。因为任何一次半途后悔，其结果都必然是半途而废，那将会令你后悔一生。

（孙道荣）

这个帅哥真给力

当七百多万大学毕业生还在为一份年薪三四万的工作而烦恼忧郁，渴望在千军万马的求职大军中杀开一条"血路"时，24岁的吴优却优哉游哉地信手把起薪30万的OFFER收入囊中。

2011年1月3日，广受全国大学生关注的盛大网络校园"谁比我更牛"的招聘活动落下帷幕，共有四位优秀的年轻人脱颖而出，不仅赢得高额年薪，还将由盛大网络集团旗下各公司的CEO、CTO亲自带教。吴优是四位胜出的牛人之一，也是上海本土高校应届毕业生的"OnlyOne"。在企业普遍降薪招人的大形势下，吴优凭什么能拿到一般人的十倍起薪？笑到最后的为什么是他？"给力"是2010年岁末的流行语之一，在同学眼里，吴优简直就是这个词的绝佳代言人："这个帅哥，很牛，很给力！"在吴优心中，自己只不过是找准了人生坐标，在恰当的时间恰当地把握住了机遇罢了。

吴优从小就对物理感兴趣，他的人生理想是成为杨振宁、李政道那样的世界顶级科学家。高中时，吴优念的是学校的物理竞赛班，但因为物理竞赛成绩差两分，所以未能得到清华的保送，阴差阳错地来到了财大，学习电子商务专业。他想当然地认为，"电子商务"既然名字中有"电子"，那应该是一门会涉及物理的学科。但入学后才知道，这是一个偏管理类的专业，与物理八竿子打不着。科学家的梦碎了，吴优郁闷了好一阵子。心似黄河水茫茫，失意的吴优将大多数时间交给了好玩的社团活动，以此来打发内心的无聊与惆怅。听课无法集中注意力，所学课大多涉险过关，有一门还挂起了红灯。拿到成绩单的那一刻，吴优哭了：这还是那个曾经动力十足、无比优秀的自己吗？

大二上学期，吴优选修了一门计算机IAVA编程课。授课的是黄海量教授，由于投缘，吴优时不时在课后向黄老师倾诉"不幸"。一次，当吴优再一次向黄教授抱怨"男怕入错行，女怕嫁错郎"时，黄教授收起了微笑，一脸正色："吴优，上天没有规定一个人一生中只能有一个梦想。你要学会让梦想转弯，也许就会遇见一个全新的、更大、更美的梦想。"吴优听出了老师话里的潜台词，他的学习态度发生了180度大转弯，是老师的提醒让他认识到，优秀是一种品质，态度决定一切。

黄海量教授的研究方向是电子商务信誉。在他的研究团队里缺少一个能同时精通商务、计算机、数学的复合型人才。"如果你能同时精通这三样，我就让你加入我的课题组。"黄老师给吴优出了一道不小的难题。同时啃下三个专业的课程？吴优的内心有一个声音做出了回答：接受挑战，你行！

有了目标的人会更加忙碌和辛苦，也会更加自信、充实和快乐。三更灯火五更鸡，挑灯夜战，吴优乐在其中。在大二一年的时间里，他自学了数学专业从大二到大四的专业课程，广泛涉猎数学建模的书籍和专业论文，之后他又自学了计算机专业的所有课程。凭借多学科的交叉学习，吴优一举获得大学生建模比赛全国二等奖、上海一等奖、美国大学生数学建模比赛二等奖的好成绩，并得到了本校保研机会，他毫不犹豫地选择了财大信息管理工程学院管理信息系统专业，成了黄海量导师的直属"门生"。和导师做课题时，他主动地与哈佛、麻省以及雅虎研究院的世界顶尖教授进行在线和邮件交流，并保持着良好的关系，因而对国内外的电子商务非常熟悉。

　　在和辅导员的一次闲聊中，吴优知道了盛大的2011年校园"牛人"的招聘计划。他怦然心动，决定用实践来检验自己的能力。他通过盛大网上的测评系统将精心准备的简历和论文提交，他的论文研究的是"淘宝大卖家信用欺诈行为"项目，并合理地为淘宝提出"连续性评分方式"等多个应对机制。

　　吴优后来才知道，这次校园牛人招聘共吸引了来自海内外的9700多人前来应聘，经过层层选拔，最终入围决赛的共有来自全球的16名大学生。这16个人中有海外教育背景的"海龟"，具有丰富的工作或实习经验的"达人"，有MBA出身的"管理专家"，吴优是唯一的土生土长没有出国学习经历的新人。但吴优一点也不胆怯，宽阔的国际视野和多学科的知识结构与专业内涵，是他的真正优势所在。

三个月后，吴优走到了"终极PK"的赛场。在这个环节中，作为上海赛区唯一的管理牛人参赛选手，吴优被分到B组比赛，同组的同学来自全球各地。四天里，他共完成了3个项目和1个团队协作能力拓展。从会议室的讨论到实地的商业调查，从调查问卷的设计到最后的数据分析，每个任务都在挑战着吴优的能力极限。他本着对工作严谨负责的态度积极地参与到团队的每一个活动中，为团队的最高目标贡献着自己全部的力量，用严谨的数据为自己交上了一份漂亮的答卷。

最后一关，吴优得到了盛大CEO陈大年的面试。他沉稳的表现、严谨的表述以及多学科的复合知识结构得到了陈总的高度认可。面试结束后，吴优看到了灿烂的阳光，他知道梦想像阳光一样，也照进了自己的现实。

吴优很愿意把自己的经验拿出来和大学生们分享："要成为复合型人才，仅靠学校上课肯定不够，最主要的是要靠学习主动性，掌握学习方法比学到了什么更重要。什么都学一些，工作更理想一些，生活更多彩一些。"吴优微笑着，他内心潜伏的梦想之舟已经起航。

（梁阁亭）

女儿的短信

女儿的教育是无痕的

一天晚上，我和老婆拌了几句嘴，赌气独自去街上溜达。刚走出小区门口，女儿给我发来了一条信息："对于一个父亲来说，向孩子表达爱意最重要的方式，莫过于爱她的妈妈。"

女儿在上海读大学，怎么给我发了这条短信？是不是老婆通过电话把我刚才跟她生气的事告诉了女儿？"两个大人的事，你告诉远方的孩子干啥？真差劲！"我自言自语地埋怨完，拨通了女儿的电话："你为什么发这条信息呀？"女儿乐呵呵地说："刚才我看一本书，觉得书中的这句话很好，就发给了你。"

巧合！原来女儿对我的教育是无痕的。

那天晚上，我仅走出几百米就返了回来。回家就讨好老婆，老婆布满乌云的脸逐渐变得阳光灿烂了。

女儿的提醒是及时的

那天早晨，我一打开手机，便蹦出女儿的一条信息："老爸，今天是老妈的生日，别忘了请她吃顿饭犒劳犒劳她或者给她买点礼物。"我是个粗糙型的男人，并且整天在单位忙忙碌碌的，哪里还记得老婆的生日。不但今年这样，每年也是如此，对此，老婆也习惯了。

忘了，有情可原；女儿提醒如此及时，再不献点殷勤，就太不够意思了。

晚上，我在夜色的掩护下，羞羞答答地去花店给老婆买了一束玫瑰花。回到家里，说明意图，老婆的眼睛亮了，脸蛋儿红了，焕发出久违的光彩。

感谢女儿及时的提醒，教我给平淡的家庭生活注入了浪漫的激情。

女儿的祝福是幽默的

我和老婆都是教师。

教师节那天，女儿给我发了个短信："祝李老师及其夫人节日快乐！"

老婆下班回来，我问女儿是否给她发了祝福的信息，她笑着把手机递给我："你看看吧。"我打开了老婆的手机，发现女儿也给老婆发了这样的信息："祝郝老师及其爱人节日快乐！"

女儿这酷似官方的祝福，给平淡的节日带来了快乐！

女儿的表扬是真诚的

前几天，老婆突然收到女儿这样一条短信：

"妈妈，我时常对你说，你一定要对你的学生好。你不知道，你一次小小的表扬和鼓励，一个理解、安慰的眼神，也许就会影响一个学生的一生。当时说这些话的时候，确实对你有些不放心，觉得你不是很称职，因为有时你很爱发脾气。可是后来我发现，每当有家长询问自家的孩子时，你对每一个孩子的情况都了如指掌。以前总和同学开玩笑说，我妈妈永远都是'好老师'，因为她姓郝，可现在由衷地说一句：妈妈，您永远是个好老师！"

老婆看到这条短信很高兴，又觉得有蹊跷，忙给女儿回复：

"遇到了什么事，忽悠上我了？"

女儿回复：哈哈，没事，遇见个特别好的老师，想起了你，就感慨一下！

老婆把这条短信珍藏在手机里，每当想对孩子发脾气的时候，便想起了它。

（李福忠）

人生是一棵树

他叫王雷，今年25岁，是安徽医科大学临床医学院的一名大五学生。走近一点看他，皮肤黝黑、笑容开朗，消瘦的身躯"立"在轮椅上，轮椅下面空空如也。确切地说，他只有上半身，他是靠腰椎"立"在轮椅上的。

1998年9月24口，王雷骑自行车放学回家，一辆疾驰而来的大货车将他挂倒，他被拖出了十几米远。当他睁开眼睛想爬起来时，却发现自己的双腿已血肉模糊，再也支撑不了自己的身体了。无奈之下，他只好做了高位截肢手术。

从医院回来，王雷觉得自己低人一等。后来在父母亲的鼓励下，在身边朋友不离不弃的相伴下，他开始逐渐恢复自信，并暗下决心，一定要坚强地活下去。虽然身体残疾，但是精神绝对不能残废。

三个月后，坐上轮椅的王雷重返学校。他战胜了种种无法想象的困难，并最终考上了安徽医科大学。王雷说，自从出车祸后，就非常向往上医学院，想通过学医改变一下自己的目前状况。即使以后无法就业，他也可以回到家乡，为村里人服务。

在大学刚开始上课时，王雷还是比较胆小的。面对许多人说话的时候，声音都发抖。但老师们常常让他在课堂上发言，本来性格开朗的他，说着说着胆子就大了起来。学校和老师都很关心王雷，同学们也不例外。遇到楼梯，总有好心的同学背他；有时候在路上，也会有同学替他推车。老师同学的帮助与鼓励，使王雷逐渐乐观活泼起来。在大学的五年生活中，王雷不但努力学习，而且参加了很多社会活动，还苦练唱歌、演讲。王雷的一位老师说："这个孩子非常坚强，从不轻言放弃，取得了许多佳绩。"据介绍，王雷在2008年获得团中央"中国大学生自强之星提名奖"、全省大学生演讲比赛一等奖、国家励志奖学金、校园歌手大赛特别奖等荣誉。

王雷的坚强与所取得的成绩感动了老师与同学。学校让王雷担任心理信息员，王雷就常常以自己的故事开导那些遇到挫折的同学。常有人找王雷谈心，诉说自己的困惑。多的时候，一天有近百人通过短信和他聊天，诉说他们遇到的挫折和郁闷事。王雷总是真诚地倾听，耐心地劝导。王雷的辅导员老师说："王雷的心理辅导做得非常成功，效果比我们老师还要好。在学生中，大家都非常佩服和尊敬他。他是许多学生心中的'导师'，甚至还有外校和外地的学生慕名而来。"

有一次，一名男生因感情问题举刀轻生，脖子上已经割出了一道口子，幸好被王雷劝阻了下来。王雷和他深谈了好几个晚上，告诉他自己是如何渡过难关的。最后这个学生坚强起来，将精力投入到了学习中。

5年的大学生活，王雷给近千名学生做过心理辅导。他笑着说："常常是我摇着轮椅，就有学生跑过来说，我就是和你在短信上聊天的某人。然后非常热情地拉着我的手，让我觉得我这个心理信息员当得很值。"

曾有人问王雷，人生遭遇如此横祸，自己站都站不起来，何以还活得这样精彩？王雷依旧是笑："人生有时候就像是一棵树，即使砍掉了树的一些枝干，但只要树根还在，树就会活下去，还会枝繁叶茂。"

实在是令人动容。树枝被砍了，树根在，生命就在，还会枝繁叶茂；人生不幸，肢体被"砍"了，但生命还在，就会吐芽，就会生出坚强的"枝"，长出蓬勃的"叶"。如此坚强有力的话语，实在是令人佩服。由此可见，困难并不可怕，可怕的是没有再次站起来的勇气与信心。而王雷，就给那些站不起来的人上了生动的一课。乐观如他，还有什么是不可战胜的呢？

（胡征和）

成功都曾化了妆

11岁的时候，她被舞蹈老师选中，考取了上海舞蹈学校芭蕾舞专业，从此一生与芭蕾舞结了缘。

尽管她比别的同学晚了一年接受基本功训练，但她身体条件出众，再加上平时的勤学苦练和老师的严格要求，成绩突飞猛进。18岁时，她去参加法国巴黎举办的第五届国际舞蹈比赛。到赛场时，师生俩傻眼了：为了便于观看脚尖表演，欧洲的芭蕾舞台都设计成15度倾斜，很多选手由于不适应而发生了失误。轮到她上场了，望着倾斜15度的舞台，她心里害怕极了，腿像面条一样软，膝盖疼得特别厉害，她想退出比赛。情急中，老师一脚把她踢了出去，而舞蹈音乐正好在那一刻要一个大跳，没想到借助这一脚的力量，她的出场大跳特别成功。比赛结束，评委主席打出了满分，赞赏地说："这是我20年来看到的最年轻又最具古典表演风格的好演员，她前途无量。"她的出色表演得到了美国三大舞团之一的旧金山芭蕾舞团的青睐，聘请她担任独舞演员。独舞是舞蹈演员很难得到的位置，很多人要经过10多年的打拼才能得到这样的殊荣，而她才18岁就跳独舞，团里很多人都不服气，总是有意地冷落她、排挤她。

一次，一位女首席独舞演员在演出中意外骨折，接下来的演出面临被取消的危险。情急之下，团长问她，你来演行不行？她不知哪来的勇气，想都没想就答应了。那是一段难度极高的巴兰钦舞剧，长达28分钟。即使平时练习，最少也要两周或三周的时间才行，而给她的时间却只有一个晚上，她一遍又一遍地听音乐、看录像，反复地练习着每一个动作，整整熬了一个通宵；第二天的演出大获成功，旧金山各大媒体对这位意外出现的新秀给予高度评价，她也因此成了全美三大芭蕾舞团的第一个华裔首席演员，也是最年轻的首席演员。凭着她的顽强努力，曾经敌视她的同事也开始对她刮目相看，那一年，她21岁；

在美国，首席并非终身职位，舞团的合同都是一年一签，稍不留神就会被别人取代。为此，她放弃了很多属于女孩子的特权：因为脚趾磨得都是老茧，她夏天从不穿凉鞋。为了保护双脚，很少逛街走路；在青春萌动的季节，她除了在台上演出就是在台下练功，从来没有时间谈情说爱，她每天的生活是单调乏味的，一早就去练功房练舞直到黄昏，回家泡澡，早早睡觉。在旧金山，她每个周末都要演出，一年要演100多场，经常要在一个星期内演五六个不同的舞剧，扮演五六个不同的角色，而且还要在短时间内转换，这几乎是一个芭蕾舞演员的极限，算下来一年365天，她几乎天天在舞台上。尽管这一切经常让她感觉很累，但只要她站在舞台上，所有的劳累都抛到了脑后。

　　她就是中国芭蕾舞皇后谭元元。谭元元的名字与乌兰诺娃等大师同列，被美国《时代》周刊评选为亚洲英雄人物，是继刘翔之后，第二个登上《时代》周刊封面的中国青年。有些人认为她在芭蕾舞坛上风光无限，是得天独厚的天资和运气使然。其实，成功都曾化了妆，让我们不识其真面目。这荣誉的背后是台下默默的汗水和艰苦的付出，是无数次跌倒后的重新站起和持续不断的努力。

（深　蓝）

简单的事情重复做

爱因斯坦出任荷兰莱顿大学特邀教授，给学生讲第一堂课。

只见爱因斯坦拿着一个盒子，走上讲台。他一言不发，从盒子里拿出一枚又一枚骨牌，在桌子上摞起来，摞到20几枚时，骨牌哗啦倒了，他不紧不慢地一一捡起来，又接着摞……

学生们惊奇地望着，不知道他为何要这么做。当爱因斯坦摞到四五次时，平静的礼堂开始骚动，有的学生吹口哨、尖叫，用各种声音发泄不满。但爱因斯坦好像根本没听见，依然慢条斯理摞了倒、倒了再摞……

30分钟过去了，学生们开始纷纷离去，礼堂的座位出现了大片大片的空缺，也有的学生耐不住好奇，竟爬上讲台，帮爱因斯坦摞起来，这时他们发现，盒子里大约有50枚骨牌，他们摞起不到40枚就倒了，想把50枚骨牌全部摞起来根本不可能，，

爱因斯坦依然一声不响，默默地看着学生们摞骨牌……学生又一个个离去，最后，只剩一名学生仍然执拗地摞。又过了一个小时，那个学生终于将50枚骨牌全部摞了起来。

爱因斯坦高兴地开口了："祝贺你成功了，有什么感想吗？"

学生思索了一下，说："每摞一次，都有新的发现。"原来，他在摞骨牌时，发现有的骨牌略带磁性，能吸合在一起，他就把带磁性的骨牌全摞在下面。倒了再摞时，他又发现骨牌轻重不一，他又把重的摞在下面，就这样反复几次，便全部摞了起来。

爱因斯坦说："成功就是不断发现问题解决问题的过程，同时还要有足够的耐心去做，所以成功的秘诀就是：简单的事情重复做。"

那名摞骨牌的学生就是后来爱因斯坦的同事、美国著名物理学家、思想家和教育家惠勒。

（周铁钧）

喝厕水的人成为邮政大臣的启示

　　据悉，现任日本邮政大臣是一位名叫野田圣子的杰出女性。这位令人瞩目的内阁官员年少时为了自勉，曾不惜从马桶内盛水喝。

　　事情是这样的，野田圣子步入社会时的第一份工作是在日本帝国酒店当白领丽人，在受训期间负责清洁厕所，每天都要把马桶抹得光洁如新才算合格。她从未干过如此粗重的工作，第一天伸手触及马桶的一刻几乎呕吐。有一天，一名与圣子一起工作的前辈在抹完马桶后居然伸手盛了一杯厕水，并当她面一饮而尽，理由是向她证明经他清洁过的马桶干净得连水也可以喝。

　　此时，野田圣子方发现自己的工作态度有问题，根本没有资格在社会上肩负起任何责任，于是她对自己说："就算一生洗厕所，也要做一名洗厕所最出色的人。"在训练课程的最后一天，当她抹完马桶之后，毅然盛了一杯厕水喝。而这次经历也成了她日后做人处事精神力量的源泉。多年之后，圣子还将此事对日本邮政省职员内部传阅杂志《月刊邮政》作了陈述，与同事们分享她走向成功的心路历程。

野田圣于喝厕水的经历发人深省。我对此最直接的感受是：一个人不管做什么事情，都要力求做到完美，尤其是不起眼的小事，更要力争做好。

由此，我想起了我认识的一位长辈，他曾是一名普通的空军士兵，现在已经是某基地的参谋长了。他曾经向我讲过他由士兵成长为军官过程中一件普通的事：那时他在福建当空军，有一次部队组织知识竞赛，他报名参加了基层连队的预赛。当时部队的条件比较艰苦，训练任务又重，加之参加竞赛的强手如林，并且即使基层的预赛过关，也很难闯入全军的决赛，所以基层连队的许多选手把竞赛看得很淡，没有付出多大的努力，更没有作过高的指望。可是，这位长辈却不这样认为，他说，既然连队选我参加竞赛，我就一定要尽自己最大的努力取得最好的成绩。他抓紧一切可以利用的时间，刻苦自学并不断向别人请教，把竞赛范围内的问题弄得清清楚楚，预赛时他顺利过关，并一路过关斩将，最后在全军决赛中夺得第一名，而那时他只有高中学历。那次竞赛夺冠成为他人生的新起点，他被部队选派上了军校，跨入了军官的行列。他由此认识了做事讲究完美的分量，几年后他参加本科自学考试时，几乎每门功课都是同一批考生中的第一名。他身居要职后，也从来没有放松对自己的要求，要把事情做得完美的信念使他在工作中取得了一系列好成绩，他的照片也因此登上了军内一家杂志的封面。

我还认识这样一位女性，她曾和两个好姐妹一起报名参军，军装都发下来了，但由于她没有通过政审关，只好眼睁睁看着别人穿上军装到了部队，她却下乡到了农村。她并没有因此而抱怨，在农村，她虚心向农民学习，插秧、割谷样样不落人后，把农活干得让人刮目相看。后来，她进了一家化工厂，工作是开通常由男人开的大型拖拉机，但她没有害怕，很快掌握了驾驶技术，最后把拖拉机开得备受工人们称赞。父亲平反后，她被安排到某企业从事老干部工作，在一般人眼里，老干部工作可能没什么大的作为，但是她却想尽办法把工作做得让老同志们高高兴兴，她因此被授予了全国振兴老年工作功勋奖。她说：当农民我要把农活干得最好，当工人我要把工做得最好，当机关干部我要把参谋助手作用发挥得最好。正是这种精神，使她受到了领导的重视，自己也走上了领导岗位。

做事力求完美，可以说是许多成功人士的共性。他们对自己严格要求，做事一丝不苟，工作不干则已，干就干出名堂来。这既是一个人做事的态度，也体现了一个人做人的责任心。社会需要这种责任心，人们也信赖这种有责任心的人。社会的需要和人们的期待，使得追求完美者有机会受到人们的推崇和尊重，从而为他们创造了成功的机遇。某单位一位领导，率领全体职工创造了优秀成绩，在离开原单位赴省城任职时，跟随其多年的秘书对其任职期间单位的成绩进行全面总结，但领导最看中的则是几年来全体同仁在工作中形成的那种精神，领导将之概括为八个字：脚踏实地，勇争第一。回顾自己人生的经历，领导颇有感触地说：这才是真正的财富，有了这种精神，就能面对各种工作岗位，走到哪里都不会害怕。

当前，社会上普遍存在着一种急功近利的浮躁心态。做事马马虎虎的现象屡见不鲜。且不说医生给病人动手术时，把手术刀忘在病人肚里之类的大事，只说工作中出现的细小差错，服务中出现的用户投诉申告，拓展业务时出现的与客户失之交臂，等等，似乎都不是能力不济所致，十之八九都与做事的态度有关。一个人做事的态度反映出他的人生态度。做事力求完美的人，即使做最平凡的工作，也会因其认真的精神而受到别人的关注和尊重。正是在这些人人都能做到，而大多数人没有做到的地方，才显示出了追求完美者的价值，甚至可以说，一个人做事的态度与其成功的机遇是成正比的。

记得有这样一个故事：几个初出校门的年轻人在一起抱怨单位不重视人才，一名做临时清洁工的老头儿听到此番议论后，不客气地反问说：你们到底有多大本事呢？如果你们读书人敢说自己的字在全单位写得最好，文章在全单位写得最好，工作能在全单位做得最好，我看领导不会不用你们，你们敢这样说吗？当时几个年轻人都很不在乎，并且说一个临时工老头儿懂什么，你那一套过时了。现在想起临时工老头儿的话，不禁觉得几个年轻人的可笑。老头儿的话不一定全对，但是却说明他悟出了只有把事情做得最好，才能赢得别人赏识的道理。

世界上怕就怕"认真"二字。做事力求完美，讲的就是认真。

一个想要成功的人，尤其需要这种做事力求完美的认真精神。当我们做事马马虎虎的时候，不妨想一想野田圣子喝厕水的经历，或许能从中获得一份感动、一份力量。

（阿　郎）

"累" 的解析

累，现代人的现代病。时下，"累"似乎成了口头语，你也说累，他也说累，好像人人活得很累，其实并非人人真累。

说起累，不由得想起邻居大婶。她是一家企业的工会主席，企业效益不好，有一部分人下了岗，大婶忙着为大家办理各种手续，还四处联系为姐妹们找工作，用她的话说，真是跑断了腿磨破了嘴。那天在楼梯上遇到她，她一面用拳头敲打着自己的腿，一面说：累死了。可是言语中，大婶的脸上却洋溢着开心的笑容。她说，累是累点儿，可心里挺痛快，问心无愧啊！若有一天不让我累了，那才叫真累呢。

是啊，在激烈竞争的市场经济大潮中，都市生活的高效率快节奏把人的神经拽得紧紧的，稍有松懈就可能功亏一篑，只要参与社会竞争，累是必然的。关键在于累得值不值。为实现人生目标而拼搏，为改变生活质量而奋斗，为生存而劳作，为工作而付出，累虽累，心里却踏实，这样的累，值得！

但观察一下，就会发现现实生活中还有一种累：有些人并没把日子过到真累的份儿上，而是相当轻松和自在。H君有一份不错的工作，家有贤妻，无下岗之忧，无琐事之烦，够清闲了。可他一天到晚累得很，上班时想着酒场，在酒场时又想着麻将桌，麻将打完了，又该去拜访某某同事和领导了。生活中这种自我找累的人比比皆是，像这样的人最累。

累的根源在于这些人的功利心太重。

当今社会，诱惑太多。有人急于成就功名，做了小官想做大官；有人见别人致富，自己挖空心思想发财，脱离实际心气浮躁；有人急于改变工作环境，这山望着那山高，变成了跳槽专业户；同事间为了晋升勾心斗角，兄弟间为了分财产反目成仇，总之，当内心膨胀的物欲得不到满足时，一些人便时常发出"活着太累"的叹息。

而与之并存的是精神上出现的空白。时常听到有人叹息："现在少有人问寒问暖了，工作上没人关心支持，总感觉身边值得信赖的人越来越少。这种内心的揣测令人担忧，它最终将导致心灵之窗的彻底封闭。试想，每个人成为孤立的实体，却要承受来自整个社会的压力，不会再有人为你出谋划策，也不会有人在关键时刻为你敲敲警钟。一切都要由你自己扛着，你说，怎么会不累呢？

因此，这种扭曲人的灵魂、压抑人的个性的累，是毫无价值的累。那么，如何走出这种累的误区呢？

俗语说："心病还需心药治。"先是要改变心理失衡的状况，从生活中获取充实和乐趣。生活中，攀比很容易使自己跌入"不平衡"

的心理陷阱。这时最重要的是要对自己的人生目标与价值有个准确的定位，舍去一切不切合实际的追求目标；其次，对来自生活和工作的压力，适时调整好心态，从容面对，就不会感到心力交瘁了。要知道，有时累就像一杯咖啡，苦涩中渗透出甜蜜，只有先"累"过了，方能感到成功的喜悦。再者，"公平"与"不公平"都是相对的，要给自己留一点儿"心理宽容量"，使自己进入一种胸襟博大的人生境界——既不因一时之得而沾沾自喜，也不因一时之失而萎靡不振。心理上有对待"不公"的承受能力，就会对暂时的不公颇多些理智，并且通过努力不断校正"落差"，就很可能使自己由此时来运转，由"累"变得轻松。

累既是生活中的必然，我们应承认它、辩证地对待它，适时掌握好累的"度"，简单一句话：不可不累，不可过累。

（泰　然）

边塞孝子，用货真价实的文凭跪祭母魂

　　一座坟前的空地上，纸钱燃烧着。袅袅的蓝烟下，刚刚从内蒙古工业大学毕业的王峰冰双膝跪地，将一张大红毕业证书双手捧向孤坟中长眠的母亲，声泪俱下地呼唤："妈妈，您睁开眼看看吧，您做错事的儿子改正过来了，您的儿子终于拿到了工大的毕业证书了……"

　　亡母无语，惟有几株立在坟边的白杨树在夏日的热风中树叶婆娑，分明是在诉说着那段可以警示莘莘学子的伤心往事。

　　在内蒙古自治区凉城县，生活着一对恩爱的夫妻，丈夫名叫王玉珠，是县医院的一位主治医师，妻子名叫刘世兰，在县烟草公司上班。夫妻俩70年代初结婚，共同养育了两个孩子，女儿王峰岩聪明文静，儿子王峰冰机智活泼，这一双儿女自小就人见人爱，王玉珠、刘世兰夫妇更是把姐弟俩视为掌上明珠，视为小家庭的希望之星，自然既宠爱又严加管教。尤其是在一双儿女的学习上，夫妻二人更是倾注了大量的心血。夫妻二人尽管收入不高，但自两个孩子上小学开始，凡是有利于孩子学习的书籍，一买就是一大摞子；孩子做家庭作业，不管晚上什么时间完成，夫妻二人也陪着他们；峰岩、峰冰都先后上了初中，夫妻二人还要亲自骑车送他们上学接他们放学。在姐弟俩由初中升高中，由高中考大学的那些要打"攻坚战"的年份，夫妻俩舍不得下次馆子换换胃口，但对峰岩、峰冰姐弟俩总是好吃好喝地照料着。懂事的姐弟俩私下里发誓，一定要好好学习，考上大学，不辜负爸爸、妈妈的殷切期望。

有道是"苍天不负苦心人"。1989年7月，峰岩首次参加了高考，一个月后，从长白山飞来的一只吉祥鸟翩然落进了她家的院落：18岁的峰岩以优异的成绩被东北重型机械学院录取。看到女儿考上了大学，王玉珠、刘世兰又把满含期盼的目光投在了正上初中的儿子峰冰身上。

峰冰是个上进心很强的孩子，他深深地理解父母的良苦用心，平日在校刻苦读书，最终顺利地考入县重点高中。1993年秋，姐姐峰岩从东北重型机械学院学成毕业，一出校门便被上海某单位录用为职员。峰岩的优异的成就，对正读高中的峰冰起到了巨大的激励作用。在班上，他的学习成绩一直名列前茅。1993年7月，经过10年寒窗苦读，王峰冰终于到了考场一拼决前程的时刻。

在一家人焦急的期盼中，好消息终于传了过来，王峰冰被自治区的重点院校——内蒙古工业大学正式录取。王峰冰悬着的心踏实了，父亲王玉珠乐了，姐姐王峰岩也打来了祝贺的电话，母亲刘世兰更是高兴得泪流满面。刘世兰一听左邻右舍、单位的同事夸赞她的一双儿女，眼睛就笑成了一条缝，总是用那句浸满了幸福和自豪味儿的话对人家说："我那两个孩子听话呢，孝顺呢，争气呢！"

入学的日期终于到了，王峰冰在父母的陪伴下走进了内蒙古工业大学的校门，尽管学校里的食宿条件都不错，但刘世兰还是担心从没离开过父母的王峰冰吃不好睡不好，千叮咛万嘱咐他莫为了省钱亏了身体。当着陌生的同学的面，王峰冰被母亲关爱得不好意思，但当父母告别学校踏上返程的汽车时，王峰冰目送着他们渐渐离去，父亲慈祥的笑容和母亲那过早花白的头发却深深地定格在他的脑海之中，一种从未有过的强烈亲情充溢在这个年轻学子的胸膛里。直到此时，王峰冰才明确地体味到，他今生是拥有了一双多么爱他的父母，而作为儿子，他又是多么地深爱着他们，离不开他们。

1994年冬季的一天，下班回家后，刘世兰突然觉得浑身疲倦不堪，肚子里隐隐发疼。丈夫王玉珠虽说从医几十年，但对妻子的病，当时并没往严重处想，以为妻子的老胃病犯了。吃了一段胃药，病情仍不见好转，丈夫这才意识到妻子病情的严重性，警惕性骤增，马上把她带到医院做全面诊断。

诊断结果很快出来了，王玉珠一看那上面写着的"胰腺癌"三个字，直惊得出了一身冷汗。大病来时如山倒，刘世兰的身体说垮就垮了。王玉珠身为大夫，曾治愈过众多危难患者，却对妻子的病无能为力，只能眼巴巴地看着妻子向生命的终点滑去。他的心中又急又愧，怀着一线希望，王玉珠马上把妻子送到了自治区权威医院——内蒙古医院抢救治疗。一个月后，又转往北京国际和平医院。在北京，经中日两国医学专家的精心诊治，刘世兰即将枯萎的生命之树，又泛出了绿意。两个月后，病情有所缓解的刘世兰又到秦皇岛进行了气功辅助治疗。

不断地转院、求医，使王玉珠、刘世兰夫妇在短短的三四个月中已无力承担那昂贵的医疗费用。1995年春末，负债累累的刘世兰只好返回家中休养。

病中的刘世兰，也渴望一双儿女能守在病榻前。只要能看到一双儿女，她的心中就溢满了欣慰和幸福，但为了让毕业后分到上海的女儿安心工作、儿子安心读书，她决定不把自己的病情告诉他们。一次女儿在电话中听到刘世兰的喘息声，就诧异地问她是不是病了，刘世兰却用足劲儿笑着对女儿说："妈身体壮实着呢，妈跟你通电话喘气是激动的呢。"

瞒住了远在上海的女儿峰岩，但刘世兰的病情，却未能长时间地瞒住在内蒙古工业大学读书的儿子峰冰。看到母亲被病魔折磨得容颜憔悴、危在旦夕，峰冰的心都要碎了，直埋怨父亲没把母亲患病的事情早些告诉他。他一想到母亲将不久于人世，而自己却没向慈母回报一点养育之恩，峰冰就如万箭穿心般难受。从此每逢周末，无论天气如何，他都要从呼和浩特赶头班客车，颠簸近百公里赶回家中，守在母亲的病榻前，为母亲端茶递药，陪母亲说话消愁。刘世兰生怕峰冰为孝敬她耽误了学业，劝他不要频繁地往家赶。她慢声细语地对儿子说："记住妈的话，你和你姐只要有出息，就是对妈最大的安慰，妈啥也不图，就盼着你们姐弟俩凭本事，做出光光彩彩的成绩。"听罢妈妈一席话，峰冰只好满怀牵挂地踏上了返校的汽车。返校后，他曾一度变得少言寡语，对病危母亲的牵肠挂肚，报答父母养育之恩的想法，使他的心情久久不能平静。朝思暮想中，王峰冰愈感到母亲那盏承载生命的油灯即将熄灭。归心似箭的他，又一次次地挤上了回家的汽车。怕妈妈伤心，他回家时总带着书本，但他的心思，早已因过多地忧虑母亲的病情，不在学业上了。因此，品学兼优的他，学习成绩已大不如过去。在一次考试中，他的一门课程未能过关。

自进入学校，峰冰这还是头一次考试不及格。这对他打击太大了，这不单单是面子上的问题，更重要的是，考出这样的成绩，他可怎么向病危中的母亲交待。母亲是多么需要他考出好成绩啊！左思右想，在补考之前，王峰冰终于做了一个愚蠢的决定，找平时要好的同学替考，以期过关。然而，峰冰这个决定真可谓是大错特错了。尽管自认为挺聪明，但替考的事还是被监考老师发现了。对这样的事情，一向治学严谨的内蒙古工业大学绝对不能宽容，学校为此作出了最严厉的处罚决定：让王峰冰退学。

王峰冰遭此重击，再也无颜去见母亲。直到暑假过半，刘世兰发觉儿子还不回家，就再三追问丈夫，老实憨厚的丈夫经不住妻子的盘问，还是把儿子出于孝心而造成的过失告诉了她。病中的刘世兰一听，好似当头一棒，一下子就倒在了地上，她长号一声："儿啊，你好糊涂哇！是妈的病拖累了你啊！"

望子成龙成空梦，流水落花也无情。刘世兰这一倒下，就再也没站起来。弥留之际，她让丈夫把一双儿女全部叫到了床前，断断续续地嘱托："你们都是孝顺的孩子，可人生在世，要凭真本事吃饭。峰冰走错一步，往后，可……不能再那样子了……"

峰岩、峰冰姐弟紧紧地攥住了妈妈的手，眼泪像断线的珠子从脸上滚落下来。但无论怎样他们最终都未能留住妈妈缥缈远去的灵魂。1995年腊月廿五那个寒冷的冬日，刘世兰抱憾走完了她生命的历程。

慈母与世长辞，峰岩、峰冰姐弟俩陷入巨大的悲痛之中。尤其是峰冰，更是悲伤与愧悔交加。想到母亲的病情恶化和过早辞世与自己在考试中的过失有关，峰冰整天默默地一个人呆在屋里落泪，一个星期要到母亲的坟前静坐三四次。看他整天失魂落魄的样子，父亲就开导他："你考试出点问题，你妈知道你是出于一片孝心，你妈会原谅你的。"可峰冰流着泪对父亲说："可我妈还是去世了，要不是我的过错，她还能活着的。"说着说着他就用手一个劲地揪着自己的头发，一副痛苦不堪、追悔莫及的神情在自责的漩涡里不能自拔。万般无奈之下，王玉珠就跟妻子生前所在单位烟草公司求情，希望儿子能到烟草公司上班，烟草公司的领导素知王玉珠刘世兰夫妻的为人，对峰冰在考试中犯的错误也有所了解，也很同情王家的遭遇。答应让峰冰到公司上班。国家实行烟草专卖制，烟草公司也是众所周知的好单位，即使大学毕业也不是随便能进到这样的公司上班。王玉珠见公司领导对他家给予了特别关照，千恩万谢地直说是今生遇了好人。哪想到，他回家对儿子峰冰一说喜讯，峰冰却说什么也不去烟草公司上班，他沉痛地对父亲说："是我气死了妈妈，我现在又要沾她的光进烟草公司，我算个什么呢？"

知道自己劝不醒儿子，王玉珠只好求助于女儿，峰岩经过母亲生前的开导，加上对工作和环境日渐适应，已经变得比刚出校门大为成熟，知道弟弟在自暴自弃，仍背着悔恨内疚的十字架放不下，就专程从上海赶回家和弟弟谈心。峰岩拉着峰冰双双跪到母亲的坟前，哭着对弟弟说："小冰，你知道妈妈要是活着她会想些什么，她会希望你怎么做吗？你要是想让妈妈含笑九泉，就该哪里跌倒从哪里爬起来！"峰冰听了姐姐的话，似有所悟，他问姐姐："我现在已成这个样子了，还能怎么办呢？"峰岩说："你还可以报考大学，妈妈一定希望你成为一名名副其实的大学生！"峰冰经姐姐一点拨，当即对故去的母亲起誓："妈妈，我一定加倍努力，给你献上一张不含水分的大学文凭！"峰岩看到弟弟终于振作起来了，不由长出一口气，脸上露出了欣慰的笑。但此时离高考不足3个月时间，就是再次复习应考，能否在短时间内达到"金榜题名"的水平，峰岩心里实在没底儿。再说，峰冰对母亲的愧疚和怀念，如果处理不好，也会对他的临考心理产生一定的副作用。

有道是"佛争一炷香,人争一口气"。峰冰在母亲坟前起了誓,就鼓足精神要用实际行动告慰母亲在天之灵,但要想再次考上大学,却非易事,面对变化多端的试题内容,一个应试生的综合文化素质若不理想,很难保证再次考试榜上有名。为确保再次考入高等学府,王峰冰又开始了"三更灯火五更鸡"的苦读生涯。有时,他实在困得厉害,就对着母亲的遗像暗暗地告诫自己:"王峰冰,你再不能让妈妈失望了,你必须考上大学,成为名副其实的大学生!"

大考日期说来就来了,但幸运女神并没遗弃犯过错误的王峰冰,从考场上下来,经过和标准答案对照估分,他已经感到3个月的心血没有白费。在填报志愿时,他抱定"在哪里跌倒就从哪里爬起"的决心,再次填报了内蒙古工业大学。得知王峰冰同学考分超过了录取分数线,内蒙古工业大学经过研究,一致同意对王峰冰敞开学校的大门。于是,在1996年的金秋时节,王峰冰再次成为该校机械系的一名学生。

失而复得的机遇,令王峰冰更觉珍贵。在内蒙古工业大学二次就读期间,他再没有荒废半点学业,学校下发的优秀学生奖学金名单中,每次总少不了他的名字。在校期间,为让其他同学处理好孝敬父母和学习的矛盾,他就用亲身经历向大家讲述自己沉痛的教训。他真诚地告诉同学们:"如果我们为了让父母高兴,就在学习上弄虚作假,丢掉诚实的美德,我们只会令父母伤心失望,只有用真本领报答父母,才是最大的孝顺!"

最近，王峰冰同学由于在校品学兼优，刚刚毕业就被内蒙古伊利集团录用为正式员工，他的母亲刘世兰若在天之灵有知，一定会为儿子奋发努力而取得的成绩感到欣慰和自豪。

（刘安　远村）

我圆作家梦

我做起作家梦，缘于上初中时语文老师的一次作文评语。

记得那一年夏天，大雨过后，乌云散去，天空出现一道彩虹，学校所在的那条小乡街瞬间变得清新亮丽起来。校园里，朗朗书声与雨后鸟鸣声交织在一起，构成一幅静态中呈现动态的山水画。我触景生情，写了一篇题为《雨后》的作文。没想到语文老师对这篇数百字的作文倍加赞赏，在文后写了"见景生情写作文，将来必定成作家"的评语。作文课上，老师把这篇作文当作范文来讲读，显然老师是作为"名篇"来赏析了。

那次作文课后，我有许多天都沉浸在兴奋的氛围里。自己一下子成了班上的新闻人物，老师投来赞许的眼光，同学争相传阅作文。那情景，我觉得自己是最幸福的人。

语文老师的这次作文评语，深深打动了我的心，它确立了一个苗家孩子渴望成材的理想信念。从那时起，"作家"这个词汇便镌刻在我的心中，我做起了作家梦。

那些日子，我疯狂过。语文课听得有滋有味，不让任何一段美丽的文字从笔下溜走。名家名言抄写了满满几个塑料笔记本。语文老师成了我心中的偶像，他的一举手一投足格外地感染我。课外，我悄悄地模仿他，同学们私下笑话我中了语文老师的邪。说来也怪，语文老师知道后，没有批评我，还当众宣布他的任命，叫班上的学习委员，一位乖巧的女孩让出语文科代表的位子给我。为这，女孩想不通伤心地哭了一场。当上语文科代表，我的干劲更足了，协助语文老师编辑抄写学校每月一期的墙报。这样一来，我的作文每期都能在墙报上发表。"作家"的桂冠还真的叫同学们给戴上了，他们不再叫我的名字，直呼"作家"。三年过去，我在"作家"的叫喊声中结束了初中学业，也过了一把"作家"瘾。

高中生活，我是在远离家乡的一所完全中学度过的。那时，教我的语文老师是一位真正的作家。他50年代师范大学中文系毕业，在省城一家杂志社做编辑工作，是省作协的会员。

高中第一个学期，一次，语文老师给我们出了一个作文题目叫《我》。一看这题目，我便来了兴趣，把上初中时，过了一把"作家"瘾的事和盘托出，用自己认为最美妙的语言叙述那一段"疯狂"的日子，还自命不凡自称"作家"。作文交给了老师，满怀信心地等着一个激动人心的时刻来临，想象老师讲解自己作文时幸福的情景。

几天以后，盼望着的作文课到了，我欣喜若狂端坐在座位上，听候老师给同学讲评自己的得意之作。

"同学们，我要告诉大家，许多同学的作文写得很好，态度端正，写出了真实的自己，有血有肉。我选出其中的几篇作为范文读给同学们听听，互相学习。"老师极斯文地用手推了推鼻梁上架着的黑框眼镜，声情并茂地读起来。

我竖着耳朵一字一句地听，盼着老师快快读到自己的作文。一篇过去，又一篇过去，第三篇范文读完，没有我的那篇。我狂跳的心一下子冷却下来，面对同学们盖过耳际的掌声，我的心第一次被刺痛了，脸热烘烘的，好像置身在酷热的夏日里。

老师读完范文，又用手推了推眼镜，表情变得严肃起来，他说："我还要告诉大家，这次的作文，有个别同学华而不实，卖弄文笔，自命不凡，这样的态度是不端正的，要批评。我希望有这种毛病的同学今后要改正过来。"

同学们面面相觑，希望老师批评的不是自己，可我心里明白，老师是在不点名地批评我哩。我无颜面对老师向我投来的眼神，悄悄低下羞愧的头。

从老师手里接过作文本时，我偷偷地翻阅自己的作文，没有给分，文后一段评语倒是极为醒目："同学，一次偶然的成功，并不意味着成功永远属于你。真正的作家，对生活是负责任的，没有了对生活的忠实态度，任何精雕细刻出来的美丽文字，都显得虚假和苍白无力，谨与你共勉。"读着老师的这段作文评语，我一连几天陷入沉思，仔细领悟这段话的含义，它使我懂得了只有虚心学习、不断获取知识营养，才能充实自己的思想的道理。

从此，为实现做一个真正的作家这一理想，我埋头读书。课外，在学校的图书室，我"结识"了中外一个个有影响的作家。我的作文也认真地写，不为满足于发表在墙报、黑板报上，博得老师同学一时的青睐而写作，更不敢在人前以"作家"自居，来换取可笑的虚荣。

高中三年，我认真写好老师布置的每一篇作文，对那些得到老师表扬的作文，我不再沾沾自喜，而是当作对自己的鼓励来看待。

高中毕业那年，我考上大学中文系，实现了中学时代我的语文老师指定的理想道路。上了大学，我的视野大开，丰富多彩的校园生活，学识渊博的老师，浩如烟海的图书，令我迷醉。我参加了学校的文学社，开始了我的文学创作道路。

我处在一种亢奋的状态，没完没了地写，一篇篇地寄往编辑部，但一篇篇地被退了回来。沮丧之余，我找到文学社的辅导老师，老师说："文学作品不是课堂作文，作为一门语言艺术，文学创作讲究艺术水准……"我陷入沉思，苦苦寻觅着文学创作的突破口。有一次，文学社邀请了一批到云南老山前线采风的作家到学校座谈。座谈会上，同学们听了作家们谈到前线阵地上，战斗间隙，战士们蹲在猫耳洞里用香烟盒写诗写战斗日记的情景，都被感动得直流泪。我向一位应邀参加座谈会的知名军旅作家请教文学创作方面的问题。作家没有对我谈创作感想，他只是讲了一些到前线时，跟战士们在一起的日子听到和看到的故事。他说，战士们自己的故事，就是文学作品。座谈会结束时，我恭恭敬敬地捧着笔记本递给这位军旅作家请他签名留念。作家接过笔记本，迅速在本子上写下了几个刚劲有力的文字："先做人，后作文。"

"先做人，后作文。"军旅作家的留言讲得多好啊！作家的这句话，后来成了我这一生做人和从事文学创作所遵循的原则。我从这句话里，真真切切悟到了做人是多么的不容易又是多么的重要，假如每一个人，包括我在内，怎样做人这样的道理都没有学习好，还谈得上处好世吗？文学创作的前提当然也是先做好人，才谈得上作文。我相信，只要自己实实在在地加强个人各方面的综合素质和修养，认认真真地观察体验生活，是能够写出文学作品来的。

以后的日子，我遵循"先做人，后作文"的原则，不断锤炼自己的思想，无论在做人处世方面还是文学创作上都有了长足的进步。特别值得欣慰的是，我许多年来，从中学时做起作家梦那一刻起，这个信念没有动摇过，也没有停止手中的笔，坚持写作。在经历过无数次的失败后，终究功夫不负有心人，到如今，自己已有数十万字的各类作品在国内报刊和书籍上发表，部分作品还获省级、州级奖。我多次参加省、州文联组织的作家笔会、文代会和作代会，还担任了自治州作家协会理事。

许多年来，我梦寐以求的作家梦圆了。虽然前面文学创作的道路仍然很艰辛，但我会坚定不移地走下去。

（红　烛）

"自强不息"与"厚德载物"

　　《易经》中有这样两句话，一句是"天行健，君子以自强不息"，另一句是"地势坤，君子以厚德载物"，它们分别出自《易经》中的《乾卦》和《坤卦》的象辞。这两句话的原来意义，包含着非常丰富的内容。我们从"做人与处世"方面来考虑，它对于正确地"处己"和"待人"，也有着十分重要的意义。

　　什么是"天行健，君子以自强不息"呢？"天"，在这里是指自然界，包括日月星辰的运行和云雨风雷的变化；"健"，有着刚健有为、运行不止和生生不息的意思。古人通过长期的观察和了解，认识到自然界的春、夏、秋、冬，随时变化，气候的寒暑往来，周而复始，白天和黑夜，相互交替。这一切，总是那样生生不息、永不停止，显现出一种不断变化、日新月异的勃勃生机。从这一自然现象的启示中，古人认为，在社会生活中，一个有道德的人，就应当学习和效法自然界的这种精神，在人生的过程中，不论在什么情况下，不论在什么环境中，都要自力更生、发奋图强，都要不断前进、勇于拼搏。这就是说，在人生的全部过程中，一个人既不能安于现状、无所作为，更不能因循守旧、自暴自弃。应当提倡在人生的全部过程中，要永远保持一种"自强不息"的精神。一个人，在人生的旅途中，不论遇到什么艰难困苦，不管遭到什么逆境厄运，都要能够"自胜"、"自强"，以坚强的毅力来克服各种困难，永不停息地前进。

一般来说，在顺利的环境中，保持"自强不息"的精神是容易的，那么，在逆境中保持这种"生生不息"的精神就比较困难了。困难和挫折，是对人的品质最大的考验。一时的勇气是容易做到的，而持久的毅力往往是非常困难的；一时的发奋图强是容易的，而长期的持之以恒则是很难的。明末清初的著名思想家王夫之就此而特别提醒人们，"持之以恒"在一个人的事业中有极其重要的意义。他在诗中说："鼓勇未为殊，绵绵功在长，一息不相续，前勤皆已亡"（《和龟山此日不再得》）。意思是说，一时的勇气并没有什么特殊，只有绵绵不断的坚持，才能取得长期的功效；一旦停止了，以前的努力也就前功尽弃了。不论是读书、写作或者是锻炼身体，无论遇到什么困难，都必须要做到持之以恒。从这一点来说，要"自强不息"，必须要有一种坚持不懈的精神。

"自强不息"还意味着一种开拓创新、日新又新的精神。"自强不息"也就是要不断地有新的追求、不断地学习和掌握新的知识和技艺，不断地有新的成就，永远也不满足已经取得的成绩。人的一生，只有不断地追求新的创造、新的发展，才能获得新的进步和新的成就，也只有在这种新的追求中，人的生活，才能更有意义，才能感受到人生的幸福和快乐。中国古代的经典《大学》中说"汤之盘铭曰：苟日新，日日新，又日新"，意思是说，古代的商汤在他盥洗的盆上，就刻写着要每日不断地把自己的污垢洗净，使自己永远保持"日新"的精神。

"自强不息"要求一个人永远谦虚谨慎，不骄不躁，不自以为是；"自强不息"是说自己要时时警惕自己，要有一种忧患意识，像"如临深渊、如履薄冰"一样；"自强不息"是说要像四时运行那样，永不停止。"自强不息"是一种积极的人生态度，也是一种人生追求和人生境界，是对人的生活意义的一种深刻的认识和理解。一个人只有对生活充满热情和信心，才能始终如一地坚持这种生生不息的精神。

过去常常强调"自强不息"的重要，这是正确的，但是，"厚德载物"作为中华民族的民族精神和优良传统，也是十分重要的。

什么是"地势坤，君子以厚德载物"呢？"地"就是"大地"，"坤"就是"顺"的意思。为什么说"地势"是"顺"的呢？古人对此有不同的解释。一般认为"地"是顺承"天道"的，其势是"顺"于"天"的，同时，地的"体"是"厚"的，能载万物，有使万物生长发育的功能。因此，一个有道德的人的一生，应当像大地那样厚实宽广，能够像大地那样载育万物和生长万物，也就是说，一个有道德的人，应当有宽厚和广博的胸怀，来包容和宽恕天下的一切人和事。

人们通常把"大地"比喻为万物的母亲，它不但生育万物、培育万物，而且爱护万物。因此，我们也可以说，"厚德载物"说的是人对待他人的态度。一个人，在做人与处世时，要心胸开阔、意志高远，要宽以待人，要有厚实的品德，要能最大限度地容人，要像大地一样，使万物都能在他的怀抱中生长。中国古人有一句著名的联语是"有容德乃大，无私心自安"，说的就是这个意思。

因此，"厚德载物"要求一个人有高尚的道德，能够关心人、爱护人，能够有"己欲立而立人，己欲达而达人"的思想，要有救人之急、成人之美的品德。

人在社会中生活，总是希望自己在生活上能得到满足、在事业上能有所成就、在人和人的关系中能得到人们的尊敬，等等；但是，对如何使他人也同样地在生活上得到满足、在事业上有所成就、在人和人的关系中得到尊重这些问题却很少想到，而这一点正是判断一个人有没有道德和道德品质高低的一个重要评价标准。一个有宽广胸怀的人，他总是常常想到别人、想到自己周围的同志，特别是那些有各种各样困难的人。中国古代著名思想家张载在他的《西铭》中曾说到这种道德高尚的人的心胸和境界。他说：

"乾称父，坤称母；予兹藐焉，乃混然中处""凡天下疲癃残疾、茕独鳏寡，皆吾兄弟之颠连而无告者也。"（张载：《张子正蒙·西铭》）

　　这两句话所包含的意义是很深刻的。它的意思是说："天"和"地"就像是人的父母一样，使人们能够在其中生长和发育。人在天地之中，是非常渺小的。因此，人既禀受天地之气，就应当像天地一样，有高尚的思想品德和仁爱博大的胸怀，要把所有那些疲癃残疾、茕独鳏寡的人[这里的"疲癃"是指衰老多病，"残疾"是指身体有残疾的人，"茕"、"独"是指没有兄弟孤独无靠的人，"鳏"是指老年而死了妻子的人，"寡"是指老年而失去了丈夫的人]，都要看作是我们兄弟中的颠连困苦而无处诉苦的人，我们应当对他们给予最大的关心和帮助。

　　张载还说："民吾同胞，物吾与也"（"与"是同伴的意思），这就是说，所有的人，彼此都应当是亲兄弟；世界上的一切万物，都是人类的同伴和朋友。这一思想，可以说是"厚德载物"思想的一个发展，这也就是中国古代的"仁民爱物"思想。

　　"厚德载物"还要求一个人，能够不嫉妒他人的长处和优点、不淹没他人的功劳和成绩，不抱怨他人的借误和过失；相反，他心地善美、气量宏达，看到他人的长处和优点，就像是自己的才能和优点一样高兴，看到人家的功劳和成绩，就如同自己的功劳和成绩一样愉快，看到人家的错误和缺点，就如同看到自己的错误和缺点一样感到痛心。正像《大学》中所说的，他应当是"人之有技，若己有之"，"人之彦圣，其心好之"（"技"就是技艺和能力，"彦圣"就是道德品质）。

"厚德载物"还要求一个人能正确对待同自己有过各种矛盾和冤仇的人。这也就是古人所说的"以德报怨"和"以直报怨"的问题。在《论语·宪问》中，孔子的学生曾经问他：一个有道德的人，对于他人对自己的"怨恨"，是否应当用"恩德"来报答呢？孔子说："何以报德？以直报怨，以德报德。"这就是说，在对人处事中，我们不能毫无原则地去用"恩德"来报答怨恨，但是，我们却应当用"正直"来报答他人对自己的"怨恨"。所谓"以直报怨"就是要以公平、正直、实事求是、与人为善的态度，不计较他人对自己的这种"怨恨"。即使他人对自己的某种"怨恨"是不正确的甚至是错误的，一个有道德的人仍然要以公正、正直和与人为善的态度，来处理好人和人之间的关系。

　　在待人与处事中，对自己，一定要"自强不息"，发奋图强；对他人，一定要"厚德载物"，与人为善，既要发挥个人的主动性、创造性，又要更好地协调同他人的人际关系，增强人和人之间的凝聚力，这确实是人们处事与做人的一个重要原则。

　　总之，"自强不息"和"厚德载物"不仅是我国古代的优良道德传统，同时也体现了中华民族的民族精神，在几千年的历史中，对中华民族的发展、强大，都有着重要的作用。在今天建设社会主义市场经济的条件下，弘扬"自强不息"和"厚德载物"的精神，对于增强人们的道德品质，改善社会的道德风尚，都有着重要的现实意义。

（罗国杰）

父母的肩头担着我沉重的希望

　　70年代初期，我出生在革命老区——巴山深处的达川地区宣汉县马渡乡。这里层峦叠嶂，山高林密，道路崎岖，是典型的山地。80年代初期，家乡才有了用毛石铺砌的公路；90年代初期，好容易解决了照明问题；1992年，黑白电视机才初次进入农户……

　　由于地理条件的局限，这里交通不畅，信息闭塞。巴山人勤劳、憨厚，却不乏落后、愚昧；巴山路更是艰难，坎坷。为了前途，为了走出贫困和愚昧，为了亲人那殷切的希望，10多年来，我在大山上艰难跋涉。终于，有一天，我跨过亲情筑就的桥梁，以饱含毅力和韧性的斗志，走出巴山……

　　走出大巴山，岂止十年寒窗？它饱含着双亲和同胞的巨大牺牲，更留下了一段——一个20多岁的青年所历经的人世风霜，其中也酿就了他坚忍善良的本性……

　　70年代初期，父母亲结婚了。他们的结合完全是建立在平等的"门当户对"的基础上的。在父亲方面，奶奶共生育了12个孩子，由于疾病和饥饿，夭折了8个。在剩下的4个孩子中，父亲上有1兄1

姐，下有1弟，他排行老三。由于生活所迫，大爸被抱养出去，这样，在家的男孩子中，父亲做了老大，自10岁起，他便开始肩起了一家的大部分担子；母亲更惨，不到7岁，我年方不惑的外婆因病过世；11岁时，外公不堪人世磨难，一夜之间悬梁自缢。后来，全靠居家为长的舅舅把母亲拉扯成人，并帮她订亲结缘。

父亲结婚，家里一无所有，连碗还是他向朋友要了两个；没有桌子，吃饭时把花篮倒扣在地上就算是饭桌；奶奶分给他的起居住室也不过10平方米左右。如今的三间砖房，那是父亲后来白手起家建成的。

在母亲一方，那些大部分时间靠野菜、糠粑维持的岁月，带给母亲的只有骨瘦如柴的身体和弱不禁风的虚弱。自打母亲跟了父亲以来，一连6年疾病缠身。幸好父亲颖悟好学，是个多面手，自己拉了一帮徒弟为人开山采石、修房砌屋，挣得一点儿线，用来医治母亲的疾病。但这6年之中，家里已经有了我和弟妹3个孩子，为了让我们能勉强生存下去，不可能有更多的钱使母亲的病得以根治。那时生活很艰苦，母亲常回忆说，她生我坐月子的时候，一共吃了3斤泡杂（方言：猪肚皮上的肥肉）。月子以后，正值春上，每天两顿饭便是胡豆芽子和着少许的玉米粉渣；另外，添点儿大米。其实，大米只是一种点缀而已，而且没有油盐。父亲把玉米糊和零星的大米都舀给母亲，他自己全赖胡豆芽过活。由于母亲常常奶水不足，也偶尔给我喂些大米粒和玉米粘糊……那种日子，连吃饭都相当困难，还能有多少钱治病？

6年大病之后，母亲的身体有些好转，但20多年的困苦生活留给她的沉疴是不可能一时治愈的。所以，三天两头少不了打针吃药，我家案头那倒扣10多年的粗瓷药碗就是明证。尽管如此，母亲却很疼我们3个孩子。记得我6岁那年，母亲从碑庙区医院住院回来，给我们带回3个荷包蛋，那是她住院时，父亲买给她的，她舍不得全都吃掉，一定要给我们带些回来。那是沾了母亲生病的"洪福"，降生以来，我们第一次尝到了香喷喷的鸡蛋。

小学三年级，我从乡村小学转到了中心校。学校离家有5里路远，我没有条件住校，只能走读。无疑，这给母亲增加了负担，她每天天不亮就起床烧火，给我热上一天的剩饭；我吃饭时，她便又帮助我收拾书包。放学回家，母亲留给我的饭是很特别的：吃晚饭前，母亲尽量把精粮铲到锅的一边，然后用一只大碗盖住——这是她给读书的儿子——我的特殊"待遇"。自己吃的却总是红薯、土豆、玉米粒、南瓜和酸菜等粗粮孬菜。

当我上五年级时，学校要求住校。我没有钱到学生寝室去住，附近也没有可寄居的亲戚，只能住在教室里。夏天，晚上睡觉的时候，我把几张课桌一拼，铺张竹席，这就是"床"；后来住木楼时，就干脆在楼扳上扫开一块地面，不需席子，也能过夜。所以热天睡觉很简单，只是身上没有一块像样的皮肤，全在夜里被蚊虫叮出一些"色彩"来。天凉时，我除了有一张竹席和一床母亲出嫁时留下的破旧的线毯外，便一无所有。因为家里没有多余的棉被，自己便只好向同学打挤。隆冬时节的一个晚上，同学的老乡来了，向他借宿，我只好在楼板上裹着毯子入睡。开始还能勉强挺住，过了夜半，霜风骤起，寒气袭骨，我不由得浑身筛豆子似地抖动起来，紧咬的牙关咯吧咯吧直响。不用说入眠，能不发抖就是幸事。我努力地蜷曲着身子，让双膝抵着头，努力地使自己"静"下来。可是，不成，除了窗外的风声、其他同学的鼾声和牙齿打战的声音外，心里只有一个念头：我多想拥有一床棉被，多想也有一个温暖的被窝啊！冬天的夜，漫长难熬。那一夜，我清醒地瞪大了眼睛，苦苦地等待天明。好不容易挨到天色发青，我叠好毯子，卷起竹席，趁其他人还未起床，便离开了学校，跑回家里。父母得知此事，很是伤感，父亲眼角湿润了，母亲哽咽着，忍不住流下了伤心的泪水。她什么也没说，把自己盖的棉被为我打点好，让我背到学校。

"妈，你们盖什么？"我问。

"你背起走吧，我们会想办法。"母亲安慰我说。

没再说什么，我背上棉被走了，我终于有了自己的棉被。可是，那以后的一段时间，父母亲却靠一些破烂的棉袄、衣服什物聊以御寒，直到第二年采了棉花，才又添置了一床新的棉被。而且，母亲把新的棉被换给了我，说新的要暖和些。那时，我第一次悟出什么是母爱：母爱，是她自己舍不得吃，留给我们的荷包蛋；母爱，是那碗留给儿子的精米饭；母爱，是那床自己不盖留给儿子取暖的棉花被；母爱，是那为儿痛心的抽泣声；母爱，是那溢出眼眶，淌过脸颊，扑簌簌滴下的泪珠……

母亲是个漂亮的女人，尽管多病，仍不失其美丽。在我幼小的记忆中，她总是留着一头乌黑的长发。多少次，收购头发的小贩磨破嘴皮要母亲的头发，她从不答应，说什么也舍不得剪下它们。可是，有一个暑假，已近暑期之末了，父亲还未凑足我下学期的学费。一天，碰巧又一个收头发的伙计来到了院子里，这次，母亲主动走上去与他交涉，最后以10元钱的价格成交。母亲一手拿过剪刀，另一只手却在头发上不住地摩挲着。我知道，她是多么地舍不得啊！同时，我从她明亮的大眼睛中读出了几多人生的无奈，几多怜子的深情。母亲，她甘愿放弃自己拥有的美丽，也要全力为着儿子的学业和成长……没等我回过神来，只听见"喀嚓喀嚓"几声，母亲的长发没了。尽管她不再有先前那种风韵，我却更加明了什么是真正的美丽，也更深入地体会到"母爱"的深刻内涵。我发誓，我要发奋读书，我要自始至终对得住我的母亲。

我上小学三年级的时候，逢着春季开学，父亲非常为难：我上学需要钱，家中当时还没有土豆种子，买土豆种也需要钱。父亲手头仅有的几块钱只够买种子，但为了我能按时上学、按时发书，他把钱留给了我，决定去离家30多里的大姨家讨些种子。那次，陪着父亲，我第一次出远门，回来的时候，风雪交加，山路泥泞难行。父亲背上压着40多斤土豆，佝偻前行，当翻过两个山头，行到一处偏僻的荒郊时，一不小心，他的脚向后一滑，整个身子连同背上的东西一起向前倾斜，随着"哎哟"一声，父亲双膝跪地，一双粗大的手掌死死地支在泥地里。我紧赶几步，努力地扶住父亲，半晌，父亲才喘过气来，继而慢慢地使劲从地上爬起来。我替他揩去身上的稀泥，循着他倒下的旁边望去，不觉惊出一身冷汗——那是一望无底的深谷，要是再有个闪失，父亲就没命了。

1982年冬，家里又添了一个小弟弟，由于母亲身体太虚弱的缘故，家中的农活大部分被父亲揽下了。为了一家人的生计，为了孩子读书，他没日没夜地劳作，难得睡上个安稳觉。1983年，村里有人联手办酒厂，父亲给他们帮工，他白天忙务，晚上到酒厂工作，我记得他常常要干三个晚上才能休息一个晚上。几年后，父亲30多岁就变得异乎寻常的瘦弱和苍老；背也开始有点儿驼了。

1986年暑假的一天。夜，幽灵般地从山的那边走来，家家上灯了。父亲从外面回来，走近我，递过一张便条——这是一张收据，"XXX卖谷子400斤，每斤0.16元，折合人民币64元整。XXX，X月X日。"

"怎么，16块100斤？竟这么便宜？"我抬起头，望了父亲一眼。

"有啥法子呢？就这，也还是欠起的，等谷子收割了……"他说着，显出惋惜的神情。

"这书不读了，不读书了……"我的心情很不平静。

"书，还是要读；钱，是另一回事，我会想办法……你只要认真读，就是拼下80斤肉我也心甘啊！"

我惊慌地收起那张便条，重新折叠好，慢腾腾地插进上衣口袋，忽地站起身来：父亲立在我跟前，蓬乱的头发、黑黑的胡茬，连同那张瘦削的脸在煤油灯光的映照下格外分明。而且，不知何时，他的头上洒上了半头秋霜——还不足40岁的人啊！

身处逆境中的人，最能体会生活的艰辛与痛苦。就我，本知道家庭状况是无奈的，自然知晓家人的辛酸，而且也觉得自己要比同龄人懂事得多。我常常埋怨父亲的所为，因为每逢周末，他都想方设法弄点好吃的：要么提一串小肠炖土豆，要么买一笼猪肺给我煮面吃。我总以为这与家庭条件不相宜。

有一次，我从学校回家，父亲看见我走进门来，脸上露出一丝微笑，继而带了慈爱的语气说道："放学啦！"

我把书包轻轻地放在桌上，淡淡地笑了："嗯，放学了。"

"这一周回来没得好吃的哟！"他说。

我一笑："有什么关系？只是你们别累垮了身体。"

这时，母亲从厨房提着一块鲜肉出来，我竟眼馋得忍不住吞了两回口水——好肥的猪肉啊！"哪儿弄来的？"我问。母亲告诉我说："你爸爸上午还念叨你今天要回来，正愁没钱给你打牙祭，碰巧公路上一辆车找人卸货，你爸爸就去了，卸一车货，挣了5块钱，就给你割了点肉……"

看着父亲矮小佝偻的身体，心情久久不能平静。门外，夕阳的一丝余辉透过窗棂给地板镶上了一款狭长的金边。我把手插进衣袋在地板上踱躞，忧戚着：父亲啊！你的一片爱子深情……可是，看你自己，衣衫褴褛，过着苦不堪言、捉襟见肘的日子……

父亲在酒厂那些年，常带些酒糟回家，用石磨碾碎喂猪，我家的猪也因此而长得又快又好，接连几年获得了副业上的丰收。这引来了一个邻居妇女的嫉妒。1988年4月，一次她从娘家回来，带了一些巴豆。她知道我们每天都要在屋后公用的磨子上推酒糟，便悄悄在磨孔里放了几粒，目的是想让我们的猪拉稀、瘦下去。事情凑巧，第二天，因为缺米，父亲先为早餐磨了一些玉米，用来搅粥。当时我在住校，没吃上，也因此躲过了那场"劫难"。然而，在家中，上自年近古稀的爷爷，下至只有5岁多的小弟弟，一家人拉肚子。从上午到下午，全家人在从屋子到厕所的路上来来回回，很快的功夫，全都拉得筋疲力尽，本来就都清瘦的模样这时就只剩下皮包骨头了。看着一家人拉肚的可怕景象，父亲心里盘算着：只怕大家都没救了，将只剩我一个人了，将来谁抚养我？谁送我读书？他找母亲商谈时，也不觉潸然泪下……中午，一家人围坐在屋子里相视痛哭，父亲说："要死，我们也死在一起，死在一屋……"

当然，事态的发展还不至于像父亲想象的那样严重。在乡亲们的帮助下，请来医生，及时下药抢救，终于使一家人幸免于难。然而，爷爷从此虚弱不堪，并于当年冬月过世。

事后第三天，父亲去距家10里远的庆云电站抬石头。正是周末，父亲估计我要路过电站边马路，他不时向马路边张望。当我路过那里，看见一个黑瘦的人影远远向我走来，近了，哦！那是我的父亲，他在招呼我。等我停下来，他把他午餐的一半——两把麻花儿硬塞到我手里。那天，我发现父亲很瘦很瘦，还有很忧郁的神情。回到家里，母亲告诉我，父亲知道我夏天要升学考试，要花些钱，所以，顾不得刚刚拉得干瘦的身体，在外面出卖自己的体力和血汗，拼命挣钱为我读书。我是寡言人，心里却疼着父亲，有说不出的酸楚……

上高中后，学费更高，每逢开学，父亲总是东家求爷爷，西家告奶奶，为我长挪短借。自然，有一些好心人解过我的急时之难；当然，也有少数为富不仁者，乘人之危，以高利贷剥削我们。除了对那些好人的感恩戴德外，对于其余一切，父亲只是承受、承受，默默地期待着有一天，我能摆脱穷困挫折的磨难，走出那山连山、岭接岭、崎岖坎坷的大巴山。

当我接到大学通知书后，一家人高兴过一阵子，高兴之余，仍为我上大学用钱而发愁。为挣几个血汗钱，1993年下半年，父亲替人背棉花到集上，马渡乡税务所有人看父亲穿着褴褛，胡缠着父亲要他上税，父亲百般解释也没有用，他召集两个喽罗将我父亲就地毒打一顿（后来，在以赵仕春书记为首的乡党委、政府的关心下，这事得以妥善解决）。

穷人的日子，难哪！巴山深处的穷人，日子更难！交通不便，信息闭塞；除了憨厚、老实、落后、愚昧和贫穷，这里的人们简直一无所有。为了钱，许多人先后外出务工，那时，我的弟妹早已去了南方。但在我最需要用钱的时候，他们并不知道我的消息。

我在川南读书，到了秋深时节，当母亲从信中知道我还穿着一件衬衣冻得直打哆嗦时，忍不住流泪了。这时候，父亲带着弟弟打工的地址，随村里的熟路人去了深圳。父亲太忠厚，不知道出门人心计多，在从达县到武昌的途中，他借来的100多块钱的盘缠被同村一个年轻人套哄着用光了。然后，那人跑到其他车厢，撇下父亲等几位年长者不予过问。这样，从武昌到深圳，到找到在外的亲人，父亲整整饿了3天，没进一粒食，没沾一滴水。到了深圳，进关口时，因为证件不齐，又被查岗的扣留起来，关押了一夜。第二天，他才被同组的罗华兄弟用钱取出来。经过一番艰难的寻找和非人的磨难，一天以后，父亲先找到我一个表妹务工的地方。这时，父亲已是气息奄奄。当表妹把煮好的挂面和鸡蛋端到父亲面前时，由于过度的劳累和饥饿，他却望着热腾腾的美食，嘴角露出一丝苦笑。

父亲不多说什么，只向在外的亲人借钱，要他们迅速寄到我读书的学校。当他知道我已收到钱时，紧悬的心才放了下来。去深圳，那是父亲第一次出远门。那期间，母亲在家承担了所有的农活和家务，还要照顾上小学的小弟弟。她每每晚上熬到深夜，早上4点一过又起床。尽管苦累，这时她已有些欣慰了，心情也格外畅快，因为我已冲出了大巴山。

10多年，坎坷巴山路，我走出了父母亲额头上的年轮，踏出了一弯父亲的背弓，踩碎了父母日夜操劳的心，在岁月的轮回中谱写了那满含父母辛酸与痛苦的不屈的奋斗史！

　　"旧梦尘封休再启，此心如水只东流。"为圆一个走出巴山、走出愚昧、走出贫穷的美梦，可怜父母，一片拳拳之心。

（川　东）

情贵淡，气贵和

著名学者、长寿老人梁漱溟先生将处世健身的经验概括为"情贵淡，气贵和"。老人一生坎坷多磨，其学理建树自有行家和历史评说，非我辈所能为。这六字秘诀却让我寻味、寻思了许久，可谓思之有味，味而愈思。

人都是有感情的，七情六欲，与生俱来。浓淡程度，则因人因事而宜。浓得化不开的情不能没有却也不能太多。米汤酽了要开拆，太浓了，不仅浓得吃力，而且很难持续地浓下去，太浓则伤身，久浓则伤心，于对方难以承载，于自己身心有损。所以还是清淡些好，要浓，也得冷水泡茶慢慢浓。

人又都是有中气的。"佛争一炷香，人争一口气"，自古皆然。气的最好存在状态是什么呢？是和。气和则心平，心平则气和，心平气和了，就进入了平和的境界。我曾专门撰文诉说平和的诸多好处，甚至，在形而上的意义上，平和也是一种貌似平常其实非常、貌似平凡其实非凡的极境。我接触过一些身份很高、智识很高、品位很高、声誉很高的杰出生命，发现他们虽然气质不同、爱好不同、性情不同、交流和交往的方式不同，却几乎都有惊人的相似之处，那就是平和。其间奥秘，思之必是源于心平气和的。

无论怎样伟大的成就，无论怎样独特的建树，都需要用情，都需要养气。用情宜淡，不是指淡漠，而是指淡远；养气宜和，不是指凑和，而是指随和。淡远则计之深远，持之久远，随和则归于和气，趋于和谐。自然所建树的成就也就久远，其拥有的生命也就和谐了！情贵淡，不在于情是不是浓，而在手是不是以浓为淡；气贵和，亦不在于气是不是盛，而在于是不是以盛为和。浓情是可贵的，锐气也是可贵的，决不能因为求淡求和而将可贵的也弃如敝屣，如同倾泼洗澡水时不小心将婴儿也倾泼了一样。

（欧阳斌）

喜欢　欢喜

　　欢喜是生命享用快乐的自然状态。欢喜来自喜欢。喜欢则完全是生命自己的事。看人处事，好不好是一回事，喜欢不喜欢是另一回事。好的人好的事你不一定喜欢，你喜欢的，也不一定是好的人好的事。

　　这就需要辨析，需要审视，需要冷静地思考：你所喜欢的，究竟是不是好人？究竟是不是好事？如果认定不好，或者基本不好的话，再喜欢也要果断地割舍。

　　当然，纯而又纯的境况是没有的。人至察则无友，水至清则无鱼。因而在辩证、审视和冷静地思考时，就要大处着眼，就要会看主流，只要大处说得过去，主流基本是好的，喜欢就无妨。何况不一定爱屋及乌，把不该喜欢的也连带喜欢了。

　　生命于这个世界，还是多一些喜欢好！本来，这事物这人事就有诸多内在的魅力，值得你迷恋，值得你喜欢。反过来说，你的喜欢又换回了你的欢喜，欢喜本身就是财富，而且是无价的财富。能够因喜欢而欢欢喜喜过日子的人，难道不正是最幸福的人吗？

　　我时常在喜欢的时候感到一种无言的欢喜。我的喜欢总是产生于一种欣赏，老实说，只要用欣赏的眼光看世界，这世界就显出它的惊人之美丽。能从阴雨中读出温馨，能从孤寂中读出宁静，就是一种特殊的本事。读多了，读懂了，读透了，就自自然然喜欢，也就自自然然欢喜了！

　　我亦时常在欢喜的时候涌流出更多的喜欢。喜欢不喜欢，有时在很大程度上取决于欢喜不欢喜，能以一种欢喜的心境对待生命，所拥有的喜欢也就大得多，多得多，深得多。"忽如一夜春风来，千树万树梨花开"。这春风就是一种心境，满心欢喜是一种自娱，皆大欢喜则是一种共娱。都满心欢喜了，也就皆大欢喜了！

　　自然，免不了不喜欢，也免不了不欢喜。但倘能从不喜欢中读出喜欢，又从不欢喜中寻出欢喜，这生命就透析出高的智慧与美丽。

（欧阳斌）

有"度"方能不"妒"

何谓"妒"?

妒的本意是争色，即女人嫉妒别人比自己美貌。后来，"妒"的概念被引申扩大到因为别人好而忌恨。便有妒色、妒爱、妒功、妒财、妒势、妒能等等，不一而足。因为妒，就有"枪打出头鸟，网捉水上鱼"；因为妒，就有"木秀于林，风必摧之"；因为妒，就有隋炀帝"看你还能写'空梁落燕泥'"的丑恶嘴脸；因为妒，就有"我办不到，你也甭想办到"的泄愤之辞……古往今来，妒事何其多。

妒是一种心病，是一种"怨人好，望人坏"的被扭曲的病态心理。说它是一种心病，是因为妒是嫉妒者主观自生的一个大肿瘤，而非外界事物客观所致；说它是被扭曲的病态心理，是因为妒往往是因羡而生，是一种被扭曲了的不正常的羡慕之情。心病也好，被扭曲的病态心理也好，这都表明妒是非常有害的一种情感。妒意浅的，心不平，气不顺，察理不尽，损性伤情；妒意深的，妒盈而外溢——溢于言者，便是诽谤、攻讦、打击、劳心累神不说，还要伤害同志感情，恶化人际关系；溢于行者，便是使绊脚绳，企图拉人于马下，其后果更难言状。

庞涓、孙膑本是同学，庞涓因孙膑才过于己而妒意大发，便设法陷害，弄残孙的双脚，其妒可谓恶之甚矣！其果若何呢？还不是以害人始而以害己告终，贻笑天下，可卑可耻。相传晋代刘伯玉的太太段氏就是一个出奇的妒妇。一次，刘为曹植《洛神赋》中洛水女神洛嫔所迷，说"娶妇如此，无憾矣"。段氏妒性大发，说那洛神"凌波"有什么了不起，我也可投水呢。于是，她投水而去，便再也没有返回。真是妒得愚蠢，愚蠢得可笑而又可怜。

妒害确实不小，那么，怎样才能不妒呢？

面对他人的才能、好处、成绩，如果我们有度量，那么，我们就能抱持一种赞许、欣赏之情。如果我们能看到成功者、幸福者身后那一串艰难甚至充满痛苦的足迹，如果我们能像欧阳修一样乐游人之乐、乐百姓之乐，有一种与人同乐的博大胸怀，那么，我们又何愁无"度"呢？这样，妒就失去了滋生的土壤，我们也就与妒无缘了。概言之，有度方能不妒。

度者，度量也，即能容人之量。度，是一种宽容的胸怀。

有度，乃能有容，对于别人的财、色、势、功都能容纳于心。容纳是一种美德，古人就有"有容德乃大"的说法。在生活中，我们不仅要善于取人之长，还要学会容人之短，容人之言。如果我们连别人比自己好都容忍不下而满怀嫉妒之心，那么我们还能容纳别人的短处和微辞吗？还谈得上有德吗？有度，对于他人的功劳、财富、学识等名利就能坦然处之而不妒，而视之为其辛劳所得。设若心生羡慕而不忌恨，且有"退而结网"之心，这就达到了一种恰适之境。有度，有容，才可能有所成就。如果一味怨恨别人胜过自己，斤斤计较于名利，那么，这样的人的智慧也就所剩无几了，就很难再做出对人类有益的大事业来。

古人说得好："海纳百川，有容乃大。"如果我们努力提高自己的修养学识，不断扩大自己涵容万物的胸怀，在自己的岗位或领域里竭诚尽智，何愁不能做出令人欣羡的成绩？如果我们能涵容别人的优越之处，涵容人世不尽如意的各方各面，涵容人类永无止境的知识智慧，真正做到大度能容，容天下难容之事，想那"妒"怕是想要抬头也难。

（粟文明）

一名特困生撑起另一名特困生的大学梦

　　特困生，一个亟待社会关注、帮助的群体，来自贫困家庭，而又渴望知识、渴望成材的当代大学生中一个特殊的部落。众所周知，在得不到社会赞助的情况下，一个特困生靠打工维持自己的学业都很困难，何谈帮助别人？然而，湖北华中师范大学历史文化学院的特困生冯圣兵，却把自己拼命打工挣来的仅够自己学业的血汗钱节省出一部分，救助一位素不相识的、一学期仅靠14公斤粮食生活的极端贫困的女孩高敬霞，帮助她读完了初中和高中，最终考入大学。

　　5年间，曾有4名家境较宽裕的同学和他一起想救助高敬霞，但坚持了几个月，就都退却了，只剩下家境最困难的冯圣兵一个人。也许同样是出身贫寒，才使冯圣兵理解了高敬霞那一颗渴望读书的心，也许还由于自己在逆境中自强不息，才最终考入了大学，冯圣兵才坚信逆境中的高敬霞也一定会成材，冯圣兵从自己的口中省出钱来，给高敬霞寄去，坚持了整整5年……

　　高敬霞和冯圣兵艰难的求学之路催人泪下，冯圣兵勒紧腰带，救助高敬霞的义举更是感人至深。

靠打工维持学业的特困生

1994年9月，家住鄂西北郧县一个偏僻山沟里的穷苦孩子冯圣兵，把华中师范大学历史文化学院的录取通知书带回家里。终日默默劳作已驼背的父亲，和即使生病也舍不得花钱买药的母亲，激动地把那张薄薄的通知书摸了又摸，看了又看。

这张通知书实在来之不易啊！为了考学，冯圣兵一家人吃的苦简直无法形容。家里太穷了，地里的收获仅能勉强维持着吃饱饭，别的只有靠割龙须草卖给当地的造纸厂，才能有一点点儿额外收入。贫穷，像一座无法推开的大山，一直压着冯圣兵一家。冯圣兵读高中时，是学校里吃得最差、穿得最破的学生，可学习成绩却非常出色。

在填报高考志愿时，品学兼优的他在所有的志愿表中都填了师范院校。其中很重要的一个原因，是师范院校收费较低。尽管如此，开学要交1090元的学杂费（这在一般人看来已经够少的了），还是让冯家犯了很大的愁。卖了些口粮，父亲又跑了三天，从亲戚和邻居那里东挪西借，才总算凑足了学费。

临别时，冯圣兵望着站台上父亲那风中浮动的灰发，哽咽着安慰道："爸爸，放心吧，我有一双手呢。到了学校，我就利用业余时间打工挣钱，供自己上学……"

到校的第一天，他便报名接受了学校为特困生提供的"工作"

——打扫校园卫生。于是，同学们每天都能看到他拿着扫帚和撮子，在认真地扫着。

可这项"工作"每月的收入只有几十元，连最低的生活标准也难以维持。冯圣兵又找了份卖报的差事，每天天不亮，他便起床，赶紧去取报纸，迎着晨曦中的人流车流大声地吆喝起来。卖报实在太辛苦了，一份报只能赚一两角钱，甚至只有几分钱。为了节省时间，他不能去食堂吃早饭，经常是兜里揣着两个馒头、一包榨菜，对付对付就是一顿饭。

有一天早晨，外面下着很大的雨，同寝的同学都劝他休息一天，他说什么也不肯，抓起雨披就钻进雨帘。那天，尽管被雨淋得裤角和鞋都湿透了，冻得他直打颤。可想到挣了7毛钱，他还是很欣慰的。

后来，他又找了一份家教工作，辅导一名初中生数理化，经常很晚才能回校。

他不耽误一节课，又要做这么多工作，身体非常疲乏，常常一挨到床上，不管寝室多么吵，都能呼呼入睡。

渐渐地，他靠着辛苦打工能够勉强维持自己的生活和学习了，不再向家里要钱。当然，他的生活水准依然是大学校园里最低的，每顿饭他都精打细算，菜要选价格最低的，饭也要最便宜的。午饭和晚饭，他时常是两个馒头就着咸菜，外加一大缸子凉白开。听说邻校的菜能便宜一两毛钱，他便舍近求远地跑到那儿去买菜。他的一件从旧衣摊上花10元钱买的上衣,宝贝似地不分季节地穿在身上。他的一个本子两面都用过了,还舍不得扔,还要用来练字。他喜欢读书,好几次,在书店里碰到他渴望已久的书,他长时间地抚摸着,最终还是恋恋不舍地放下了,因为他口袋里的钱太少了。

学院运动会上,他报了万米长跑。一直跑在前面的他,快到终点时,突然扑倒在地,好一会儿才醒过来。长期的营养不良,已严重地影响了他的体质,他是心有余而力不足啊。

令人难以想到的是,就在这样艰难拮据的生活中,冯圣兵还要从口中、从其他方面,一分钱一分钱地节省,省出一部分钱来,救助一位素不相识的、贫穷得在今日已近乎"天方夜谭"的特困生,而且他已整整地坚持了5年。他所做的一切,在大学期间一直是在秘密地进行着,直到最近《中国青年报》的一位记者写的一则短讯见诸报端,人们才了解了一点儿事情的真相。

为了一个比他还穷的学生,他咬牙伸出了援助的双手

那是5年前,冯圣兵还在郧阳县中学读高一。在为纪念"世界粮食日"而举行的一次"节约粮食"的主题班会上,班长王龙向大家讲述了一个真实的故事:在湖北丹江口市习家店有位叫高敬霞的女孩,父母弱智,母亲长期卧病在床,家中四壁空空,一贫如洗,可她偏偏喜欢读书,说什么也不肯辍学。她一学期仅靠14公斤粮食生活,几乎平均两天才能喝上一顿稀粥……

听到这些，冯圣兵的心灵受到很大的震撼：哦，自己的生活已经够困难的了，原来还有比自己更困难的呢。他摸着膝盖上补丁的双手攥紧了，一个强烈的念头撞击着他年轻的心扉：我一定要帮助她，绝不能让她因贫困而失学！

班会结束后，他立刻找到班长，又详细了解了高敬霞的情况，连夜给她写信，鼓励她战胜困难，坚持求学，同时还寄去了20斤粮票。

很快，高敬霞回信了，那是一封催人泪下的回信，信中这样描述了她所处的叫人难以置信的而又实实在在的困境：

地少，天又旱，父母体弱多病，全家最好的年景收入不足300元。她寄宿在学校，每学期仅靠14公斤粮食生活。（注意，是每学期仅有14公斤粮食啊。）每到开饭的时候，同学们都飞快地奔向食堂，她却总是磨磨蹭蹭地落在后面，趁大家不注意，溜到校园附近的小树林里躲起来。饿极了，扯过一把野菜便往嘴里塞。等同学们都吃完了，她才羞涩地回去。每两天，她才悄悄地煮一碗稀粥。那放了许多水的稀粥，喝得她那经常处于饥饿状态中的肠胃咕咕直响。每次喝粥，她都要留一点儿，以便下次兑一些水，再糊弄一下肚子。她的碗无需再洗，因为她早已反复冲洗喝净了。至于美美地吃上一顿干饭，那实在是想都不敢想的事情。在一个寒冷的夜晚，她饿得实在受不住了，想煮点稀粥，可米袋里已没有一粒米了。外面寒风凛凛，雪花飞舞，她再也忍不住饥肠响如鼓的折磨了，衣着单薄的她踉踉跄跄地赶了几里山路，回家找到两个生地瓜，囫囵吞枣地吃下去，又匆匆地连夜返回学校……

冯圣兵读着高敬霞的信，心在颤动，手下意识地伸进衣袋里，摸出带着体温的这个月的生活费，仔细地数了一下，只有32元5角，而这个月才过一周，这点儿钱他还要对付三个多星期呢。可他还是毫不犹豫地从中抽出10元，给高敬霞寄去。同时，他又在班级里动员了另外4位家境较好一些的同学，组成了一个5人"救助小组"，商量好每人每月拿出10元钱，一起来帮助高敬霞，但有的同学只坚持了几个月，便不干了。一年后，只剩下家境最困难的冯圣兵一个人还在坚持着给高敬霞寄钱。

冯圣兵知道，眼下自己家中也相当的困难，指望割龙须草卖钱是越来越难了。他只能从可怜的伙食费中再绞尽脑汁地节省，另外再利用周末休息，拾破烂儿换点钱，来资助比他还要困难的高敬霞。因为他知道，如果他再不去关心她，她可能很快就要失去读书的机会。

面对高敬霞的凄寒的家境，村里很多人都劝她别念书了，还是辍学回家干活吧。父亲也无奈地劝她，她也曾几次动摇，可是一拿起冯圣兵充满鼓励的信，她就仿佛看到了一双明亮的眼睛在注视着自己，那样一个坚定的声音就在她的耳旁响起——无论生活多么苦，都要读书、读书、读书……

她忍着生活的艰难，读完了初中，又读高中。冯圣兵寄来的钱虽然十分微薄，可给她的帮助却很大。她学习非常刻苦，成绩在班级里始终名列前茅。

绝不能让她失学！

屋漏偏逢连阴雨。去年，高敬霞的弟弟从树上摔下来，家里凡是能值一点钱的东西都变卖了，又四处借了2000多元，才算把弟弟的伤治好了。

沉重的债务，对她那本已穷困不堪的家庭，无疑是雪上加霜。而此时她还有半年就要参加高考了。当她无奈地选择辍学时，她在家中整整哭了3天。她不知道怎样向始终默默地关心和帮助自己4年半之久的冯圣兵，讲述命运的不公和内心的巨大痛苦。

从春节前一个月到新学期开学，冯圣兵一直未收到高敬霞的信，他预感情况有些不妙。在返校的途中，他绕道数百里，赶到高敬霞就读的习家店中学。

一打听，不知她什么原因没来上学。冯圣兵心里一沉，他赶紧问明她家的住址，要亲自赶去问她为什么在这最关键的时刻放弃了读书。当时已是黄昏时分，他匆匆地乘车直奔高家。车至篙坪，便不再往前开了，而这里距高家尚有20多公里路程。他心里太着急了，没有车，他就沿着公路步行前往。幸好路上碰到多年未见面的高中同学王龙，王龙领他深一脚浅一脚地半夜时赶到了高家。

高敬霞怎么也没想到，心中感激不尽的恩人冯圣兵会突然出现在眼前。而高敬霞家的贫穷，则更是远远地超过了冯圣兵的想象：两间破旧低矮的草房阴暗、潮湿，屋里除了一个很小的旧木柜以外，没有任何家具，连他坐的凳子也是刚从邻居家借来的。

看到这一切，再望着书信交往了4年多的瘦弱的高敬霞，冯圣兵的眼睛湿润了。什么都无需再问了，眼前的情景已经明明白白地告诉了他所急于知道的。

临走时，冯圣兵留下50元的路费，将余下的200元钱全都塞进了高敬霞的手里，然后，不容拒绝地叮嘱道："一定要继续读书，一定要参加高考，再大的困难有我呢，我会全力帮助你……"

"恩人啊！"对着冯圣兵远去的背影，泪雨滂沱的高敬霞长鞠一躬。

冯圣兵返校不久，便收到了高敬霞的信。她在信中写道："你的深恩，我将终生不忘。今后不管遇到多大的困难，我也不再辍学了，一定要考上大学……"

冯圣兵放心了，赶紧将打工挣来的钱寄给她，并安慰她："你只管好好地读书，我尽一点儿微薄的力量帮你，决不是为了要你报答什么。"

是啊，5年来，饱经生活艰辛的冯圣兵，拼命地打工赚钱，节衣缩食地支撑自己的学业，还不间断地帮助非亲非故的高敬霞，他何曾想过丝毫的回报呢？他只是想用自己拳拳的心，来温暖另一颗不甘命运安排的心灵。

去年9月，郧阳师专的录取通知书，令高敬霞一家人幸福地哭抱成一团。拿到通知书，高敬霞做的第一件事，便是赶紧写信，把这个好消息告诉远方一直关心着自己的冯圣兵。

虽然数千元的学费（因她是自费生）对于高家来说，仍是一座很难翻越的大山，但是，屡经磨难的高敬霞，已下定决心，就是贷款、打工，也要完成学业，决不放弃这人生难得的学习机会。

是的，特困生冯圣兵和特困生高敬霞两个人今后的求学之路，依然困难重重，但人们完全有理由相信：逆境会把他们的意志磨练得更加坚强，为着心中缤纷的梦幻，他们会咬紧牙关，把所有的苦难都踩在脚下，会用顽强和执著继续书写人生的悲壮与辉煌！

（崔修建）

在"认真"的基石上构筑人生

　　不少接触过茅盾手稿的人，对其书写之清楚、端正，无不赞叹有加。不仅字迹工整清楚，而且每页稿子上的更正之处，不会超过三四个。因为一页中如有四五个地方出错，他宁可重新誊写一遍。以茅公之身份、地位，在这样的细节问题上都如此一丝不苟，可谓认真之至。又想起李叔同在日本时的一则轶事：某友人约好晚上几点来找他，等到来时已比约定时间晚了好几分钟，他便在楼上的窗口对友人说：你不必上来了，以后再约个时间吧。难怪其弟子丰子恺说："李先生一生最大的特点是'认真'。"其实，对于真正的认真之士来说，认真不仅是一种态度、一种作风，而且是一种"活法"，一种难能可贵值得称道的"活法"。

　　把认真当作一种"活法"，也就是在整个生命活动中推崇扎实和沉稳，重视责任及义务，强调用心与尽力，在前进征途上一步一个脚印，当老实人，做老实事，说老实话，不马虎大意，不随便敷衍，不掉以轻心，一以贯之地把"认真"视为一种基本的生存方式和人生取向。毛泽东讲过"共产党人最讲认真"，倡导认真的态度，弘扬认真的作风，无疑是我党的一大优良传统。老一辈无产阶级革命家的一生就是认认真真创大业、做大事的楷模。只是就个性化的风格而言，刘少奇的认真，更多地体现在严谨、平实的作风；周恩来的认真，较多地带有细致谨慎、悉心尽力的风范；而敬爱的小平同志，其认真更是和务实、求实、革新、创新的鲜明风格密不可分……其实，任何一个政党、团体或个人，要想在任何事业上取得成功，都离不开"认真"二字。比如实事求是，需要的是一种思想作风上的认真；爱岗敬业，需要的是一种对待职业的认真；按科学规律办事，需要的是一种面对公理的认真；政治坚定，需要的是一种理想信念上的认真；品性忠贞，需要的是一种情感节操上的认真……诸如此类，可见"认真"二字在我们工作和生活中须臾不可缺少。弘一法师皈依三宝后，选择戒律最严的律宗来修行，是一种人格力量上的认真；胡适做学问"有一分证据说一分话"，是一种学术操守上的认真；古代诗人的"吟安一个字，拈断数茎须"是一种创作态度上的认真；乒乓国手们在世界赛场上，每一板、每一分地拼搏，是一种心系祖国荣誉的认真；领导同志在处理公务时的秉公办事、不徇私情，是一种肩负责任、事关道义的认真；纺织女工的"万米无疵布"，是一种兢兢业业、精于职守的认真；懵懂小儿在做游戏时的全神贯注、忘我投入，是一种出自童趣、缘于天真的认真。事实上，许多事情，无论巨细难易，只要我们认认真真地去做，便可大有作为。

面对现实，而今好像是"游戏"之风渐炽的年代，从"游戏人生"到各种各样的"玩客"态度正行情看好，走俏人心。更有甚者，在"潇洒走一回"的旗号下，大肆放逐、拒绝、排斥、消解"认真"二字。在一些场合，坚持认真、倡导认真，几乎成了一种不识时务的悖时之举。某富得冒油的单位，根据规定上报干部职工全年的工资、奖金和福利，以便交纳个人所得税。单位财务人员如实统计，实数报出，却被本单位的有些人说成"毒头"（吴方言：精神病患者）。事实上，弄虚作假的屡禁不止，形式主义在某种程度上的泛滥，敷衍马虎之风的随处可见，其症结所在，很大程度上是由于缺少认真。间或有之，也无非是"认认真真走过场"一类的"认真"罢了，遑论作为人生"活法"意义上的认真了。

浮躁轻狂的心态和急功近利的价值取向是妨碍我们认真行事的心理障碍。当有人不识谱，凭着"扭唱"几句，居然也能煞有介事地成为走红歌星，大把捞钱的时候，你难道还能安下心来，认认真真、几年如一日地练声？当"假唱"丑闻屡见不鲜时，你难道还会为自己不慎唱错一个音符而责怪自己不够认真？但是，认真作为一种"活法"，是我们立身处世的基石之一。只有建立在认真之扎扎实实的基础上，我们人生的建筑、事业的大厦才能拔地而起，牢不可破。

（一　直）

认真——实现人生价值的基石

一位来自卫校的毕业生，在一家大医院实习。实习期满，如能让院方满意，便可留用。一天，来了一位生命垂危的伤员，院方全力进行抢救，实习护士被安排做外科手术专家——格林教授的助手。高难度的手术从清晨一直做到黄昏，眼看患者的伤口即将缝合，这名实习护士突然严肃地盯着院长说："格林教授，我们用的是12块纱布，可您只取走11块。""我已经全部取出来了，一切顺利，立即缝合！"院长头也不抬，不屑一顾地回答。"不，不行！"实习护士高声抗议道，"我记得清清楚楚，手术中我们用了12块纱布！"院长没有理睬她，命令道："听我的，准备缝合！"这名护士毫不示弱，大声叫了起来："院长！你是医生，你不能这样做！"直到这时，院长冷漠的脸上才浮起一丝欣慰的笑容，他举起左手心握着的第12块纱布，向在场的人宣布："这是我最满意的助手！"这名实习生理所当然地成了医院的正式护士。

这名实习生的成功告诉我们，认真与否，是评价一个人人品的重要标准。人生在世，对名利可以不太认真，但做人做事却一定要十分认真。今天，我们所处的岗位有着千差万别，需要的技术各不相同，各人的职位高低不一，但所需的工作态度却是异常的一致，那就是认认真真，一丝不苟。现实生活告诉我们：同样的岗位，同样的技术水平，工作态度不一，工作的成果就不同。

可惜的是，现在我们有些人做事却不够认真，能拖则拖，能混则混。以这样的态度过日子看似轻松自在，但事实上却往往因一时的大意和违章，酿成一场意想不到的悲剧。不是吗？施工时稍微的疏忽，可以使整幢楼房倒塌，整座桥梁折断；不经意中，电焊产生的火花，结果使整个大楼甚至一段街道化为灰烬。几年前，新疆乌鲁木齐挂面厂为改进三鲜挂面的包装，到日本加工制作精美的包装袋，当这批包装袋漂洋过海、万里迢迢运到厂里后，人们发现袋上的厂名成了"鸟鲁木齐挂面厂"。设计、审批时的疏漏，造成了近20万元的损失，闹出了"一字倾城"的笑话。十几年前，上海曾杨路道口曾发生过一起火车与公交车相撞的事故，事故原因就是由于道口管理员办事马虎不认真。那天，这位管理员在上夜班前只睡了一个半小时觉，下半夜，他觉得有些疲倦，便不时地打瞌睡。清晨4点多，他接到前方道口的预报，有一列火车将经过这个道口，他也通知了下一个道口的管理员，但偏偏此时他却没有去道口及时放下横栏。当时他想，火车至少还要四、五分钟才会到达这个道口，再打两三分钟瞌睡没问题。谁知这个瞌睡竟酿成了车毁人亡的惨祸。事故发生后，责任人顿足捶胸，悔恨不已：都怪自己一时的马虎，带来了"一失足成千古恨"的悲剧。但此时的悔恨为时已晚了。

一位伟人曾这样说过：世界上怕就怕"认真"二字。无数事实说明，马马虎虎的人只能做漏洞百出的事，完成马马虎虎的人生，而认认真真地做事，踏踏实实地工作，换取的是他人的信任，给自己带来的是一个完美的人生。

为了实现你的人生价值，请记住"认真"二字。

（徐本仁）

聋哑爸妈：你们的爱是人世间最美丽的语言

仝向东、林雅兰夫妇生于山西吕梁山区一座偏僻小城，自幼聋哑，婚后家庭贫寒，处境十分困窘，然而他们却凭借着常人难以想象的坚韧执着与感人至深的人间亲情，把自己的一双儿女培养成了国家的优秀人才：1992年夏，儿子和女儿分别考入两所名牌大学；2000年春，儿子就任省城一所中学校长，并于去年获得硕士学位；女儿则在获得硕士学位后进入中央机关工作，时隔数月又考入首都一所大学的博士生班。2001年6月初，笔者采访了这对聋哑夫妇的女儿仝圆圆，在这些奇迹与风光背后，一串串故事感人至深——

聋哑爸妈，生儿育女和别人不一样

我的父亲仝向东，生于1952年，6岁时因为连续几天发高烧成了哑巴，随后双耳又奇怪地失去了听力。苦命的祖父母有着长远的眼光，当别的聋哑人父母只希望孩子成为街办企业的一个小杂工时，他们却把已经12岁的父亲送进离家很远的一所聋哑学校，一学就是7年。我的母亲林雅兰，出身普通工人家庭，比父亲小2岁，尽管先天性聋哑，却以相当的聪明与同龄孩子一起读完了小学。为了提高哑语表达能力，母亲17岁时也进入那所聋哑学校"深造"。在那里，父母相识、相爱。

父母婚后形影不离，没多久母亲就怀上了孩子。父亲乐不可支，经常用哑语为母亲唱赞美诗，而母亲脸上的阴云却越来越厚，她十分担心：孩子将来会不会也是哑巴。直到有一天，父亲找来一大堆有关此类聋哑病症不遗传的资料，母亲才稍稍松了一口气。

我和弟弟长到10个月大，开始呀呀学语，教孩子说话的任务只能交给口齿伶俐、文化程度也较高的姑母来完成。一天，母亲见弟弟小嘴"吧哒吧哒"的对她说着什么。她以为是叫她"妈妈"了，马上抱上弟弟到姥姥家特地向娘家人炫耀了一番。姥姥听过后却忍不住老泪纵横，用笔告诉妈妈说："孩子叫的不是爸爸、妈妈，而是爷爷、奶奶和姑姑……"母亲愣住了，眼眶一酸泪水就管不住地往下掉，但她毕竟还是知足的：既然都会叫爷爷、奶奶了，相信叫爸爸、妈妈的日子就不会太远了吧！

家里添了两个孩子，使得本已生活十分困难的家变得更加拮据。母亲没等出满月就做起了家务，每天还要提着五六十斤重的猪食桶跑来跑去。父母原本患的就是"实聋"，就是炸雷在耳边响也难以听见。我8个月大时的一天，从床上跌下后又爬到床下的杂物堆里。爸妈从外边回来不见了孩子，边哭边满屋满院地找呀找，直到奶奶随后赶到说："孩子不就在床下哇哇大哭吗？"父母轮换着把我亲来吻去，哭成了一团。

贫贱夫妻百事哀。我五岁时患上了一种怪病：脑袋一直发热发胀，难受得要死，大大小小的医院去了几十家，我的病却硬是没有一丝好转。我很快瘦得皮包骨头，眼看着活不成了。邻居们劝我爸妈："别再花那么多冤枉钱了，顾活人要紧啊，万一你们夫妇俩再累出病来，可如何是好？"甚至一些亲戚也屡劝爸妈放弃我。爸妈为此气得不再搭理任何人，依然背着我四处求医。

听人说远郊某山区有位老中医专治此病，爸妈便轮流背着我风雨无阻地去了十几趟。那时家里没有自行车，往返60多里路全靠步行，爸妈每每累得大汗一身接一身，满脚都是血泡。有一天，天空突然飘起鹅毛大雪，爸妈唯恐延误我的病情，一步一滑地上了路。途中有3里山路，又窄又陡，稍不小心就会跌下百丈深谷。妈妈四肢着地爬行着在前面探路，爸爸则把我牢牢捆在他背上，在后面也以爬行的方式一点一点往前挪。这段路爸妈"走"了两个多小时，棉裤膝部被磨烂了，两双手上全是被划破、冻裂的伤口。

或许是爸妈的爱子之情感动了上苍，我的病竟自此渐渐好了起来。这是聋哑爸妈给我的第二次生命！我和弟弟，是聋哑爸妈心尖尖上的希望和"宝贝"

1980年，我和弟弟提前一年上学了。学前班刚一读完，爸妈为使我接受当地最好的教育，舍下脸皮去求熟人，"关键"时刻甚至不惜为人家下跪。可到学校没几天，就有个别小同学指着我和弟弟的鼻子说："他们的爸爸是哑巴，他们的妈妈也是哑巴！"还挑动同学们不跟我玩。我顾不得背书包就跑回了家，抱着妈妈直问："妈妈、妈妈，你和爸爸怎么和正常人不一样啊，害得我被小朋友们瞧不起……"妈妈听不见我的哭诉，要姑母帮助"翻译"，之后便默默地流泪。但妈妈很快就镇静下来，拉上我去了一家马棚，先指指那匹瘸腿的老马，又指指那匹生龙活虎的小马，随后掏出一只铅笔头为我写道："老马自身条件不好，好可怜啊，她肯定也感到很自卑，可马妈妈却并不影响自己的孩子将来成为一匹千里马呀！"妈妈这些话的用意我大致能懂，此后同学们再"孤立"我时，我便有了几分坦然面对的勇气，我宽容谦卑与坚忍自强的性格，也便从那时候起开始养成。

我们学习上毫无压力，经济上却常常使爸妈犯愁。为供我和弟弟读书，妈妈一边在街上摆小摊，一边搞家庭养殖，那些数量很大的饲料，大多都是妈妈收摊之后拣来的菜叶和从饭馆挑回的剩饭。爸爸更劳累，除了干好厂里的活计，每晚都要到货场当搬运工。我10岁那年曾和弟弟偷看过爸爸搬运货物的情形：爸爸的人力车装载着1000多斤重的货物，途中还要经过一段凹凸不平的泥泞路，每每需要使出浑身力气才能缓慢移动。在运第三趟时，爸爸肩上的拉绳突然绷断，一头栽倒在地上昏了过去。我和弟弟从阴影里跑出来，摇着爸爸大声哭喊："爸，你快醒醒，快醒醒呀……我们不让你干这么重的活，我们回家……"清瘦文弱的爸爸醒来后，见我们这么不听话，擅自来到这里，又气又恼，也不搭理我们，他用自来水冲洗了脸上的血污，就又接好拉绳一瘸一拐地拉起了车子。那一刻，我们看见了爸爸眼角涌出的泪水，我和弟弟一路哭着回家。

我读高一时，求知欲望更加强烈，很需要订阅一些有关报刊充实自己，可那时家里刚修补过漏风漏雨的旧屋，经济上早已是负债累累。我只好到各个书店书摊"蹭"书看，为此没少受人家的奚落。谁知有一天，爸爸忽然一下子为我拿出了4种书刊订单，其中有我每期必读的《语文报》、《英语报》；还有那本最新版的英汉词典，更使得我欣喜若狂。我在几天后偶尔发现了爸爸藏在床下的5张卖血单。难怪这段时间爸爸走路都是摇摇晃晃的。女儿的手中书，就是爸爸身上鲜红鲜红的血呵！我心里难受得不能自持，偷偷向同学借了3元钱为爸爸买了一袋半斤装的奶粉。爸爸为此心疼得挥起巴掌要打我，我顾不得躲开，满眼是泪地说："爸，你怎么打我骂我都行，只求你把这袋奶粉喝了补补身子……我和弟弟离不开妈妈和你啊……"爸爸一把把我揽在怀里，大滴大滴的泪水滴到我嘴里，好咸好咸……

为儿女成才，聋哑爸妈走遍天涯去"经商"

1992年夏，我和弟弟以优异的成绩分别考入全国和省内的两所重点大学。可一个贫苦市民家庭供两个孩子上大学谈何容易。我和弟弟的几千元学费全是高利贷来的，再加上以前的旧债，累积欠款已达万元以上。爸妈为此痛下决心，双双背起铺盖卷儿到全国各地去卖手工艺品。

爸妈第一站来到四川成都，沿大街小巷兜售了一个多星期，一样东西也没卖出去。处于"无声世界"的爸妈，经常遇到常人想象不到的危险。有一天，爸爸从一个正在拆除旧建筑的工地经过，一堵高墙已落土"沙沙"地弯曲着开始坍塌，爸爸却"无视"几十名工人的厉声制止继续往前走。幸亏紧随其后的妈妈及时发现，疯了似地将其往后拖了几步，才避免了一场悲剧。

眼看一个多月过去，又到了为我和弟弟寄生活费的日期。不会说话的爸妈没法打电话，在邮局给爷爷奶奶发了一封特快专递，要他们把家里那几只正下蛋的仔鸡卖掉，而后及时把款子汇给我和弟弟。

爸妈没有退路，他们必须挖空心思、拼上性命地去赚钱，否则我和弟弟的学业就有可能半途而废。有一次，一位阔太太看过货后说要与家人商量一下。爸妈在人家的朱色大门外等啊等，一个小时过去了，又一个小时过去了，却一直不见有人出来，妈妈只得前去敲门。谁知门是虚掩着的，刚推开一条缝儿，就见一条大狼狗忽地从里面蹿出，直朝妈妈扑咬过来。爸爸本可以趁势用右手中的货包去抵挡锋利的犬牙，却又猛地换成左手直接去挡——他是怕弄坏了包里的那些东西呵！结果被这只恶犬咬烂了手掌，鲜血直流。女主人这才想起买字画一事，她真诚地道歉、付了医药费，临了还额外拿出了200元非要爸妈收下。妈妈用笔为她写道："这个钱我们不能要，能多买几样东西就算是对我们的最大支持了。"爸妈的憨厚与善良，使这位女主人感动不已，一下子就买走了12张字画和12套生肖工艺品。妈妈扶着左手缠着纱布的爸爸，悲喜交加。

1993年7月中旬，是我和弟弟上大学后的第一个暑假，爸妈由四川成都直达太原市，没敢中途回家住上一天半日。他们的心思就是想在暑假结束之前凑齐我和弟弟新学期的那些费用。

在我和弟弟读大学的4年间，爸妈肩背货包走遍了十几个省市的许多地方，肩头的老茧厚得抠不动。可无论生意多苦多难，每月都会准时寄来一笔款子，使我们诸事无虑。我们深知这些钱的分量，每元每角从我们的手掌心付出去的时候，总能感到一阵心灵的颤栗。这些感受是一般人所没有的，它成了我们精神深处一种巨大的动力源。

聋哑爸妈：我和弟弟的硕士、博士生"学位"是我们全家共有的骄傲

1996年弟弟大学毕业后，很快走上工作岗位，我则被本校的研究生班录取。我不忍心再让爸妈为女儿四处奔波，便悄悄选择了自行放弃。爸妈得知情况，把我痛"骂"了一顿，"说"："好女儿，既然考上了，我们就是跑断腿、累断筋也要把你供出来！"

我在读研期间，爸妈曾在我求学的那座城市卖过一段时间的字画，却从未来校看望我一次。我非常想念爸妈，经四处打听好不容

易找到那个简陋的出租屋。爸妈好不高兴，但临了爸爸却用笔凶巴巴地为我写道："你别为爸妈的事分心，只有拿出优异的学习成绩来，才是对我们最好的孝敬……"爸妈把孩子们的前途看得简直比自己的命根子还重！

2000年夏，我在获得硕士学位后被分配到中央机关工作，几个月后又收到首都一所大学发来的博士生班录取通知书。我打电话给家里，要姑母把这一消息转告给爸妈。爸妈很快来到电话机旁，两人习惯性地各用手指敲敲话筒、再用嘴呵几声气，算是打了招呼，而后便是长时间的沉默——这已是习惯性的了，多少年来，我的聋哑父母就是用这样的"对话"形式与女儿作感情"交流"的。可这一次，我却分明听到了爸妈抑止不住的啜泣声。

几天后，爸妈来北京看望我。和往常一样，他们不到我工作的单位来找我，而是住在较为偏僻的旅馆要我过去。这是因为，爸妈惟恐自己的形象让儿女们抬不起头。外人不知，这么多少年来，"父母"的角色一直都是由姑母和舅舅担任着！这次爸妈为我带来了好几套新衣服。妈在纸上写道："自小到大，家里没钱给你买一件像样衣服，现在到了谈对象的时候了，自己一定要有模有样的，得有'派头'呵……"我说："我都这么大了，爸妈就别再为我的婚事操这么多心了。"妈妈却依然是满脸的忧愁和凄惶："爸妈一辈子和正常人不一样，很对不起你呵……不知现在的男孩子会不会计较这些？"我拿出我男朋友的照片给他们看，我说："我的男朋友也是一名博士生，他经常夸奖爸妈是世界上最伟大的父亲和母亲，早就希望在将来的那一天能正式地叫你们一声爸、妈！现在我就把他叫来！"爸妈却连忙制止了我，说以后看机会吧。

我求爸妈住个十天半月，好好逛逛首都北京的风景名胜，谁知爸妈第三天就再也待不住了。

送爸妈去车站时，我发现爸妈各背着一个近100斤重的大包。妈妈不好意思地笑笑，飞快地用笔写道："这些全是咱那里买不到的紧俏书，卖完后够你第一学期的费用了。"列车启动了，爸妈双双探出身子向我打着哑语："努力啊，女儿！"

我们的聋哑爸妈是残缺的，却有着人世间最为丰富的情感与最最无私的奉献精神。我和弟弟永远为拥有爸妈这样的父母，感到幸运和无比自豪！

啊！这一生中，惟有这硕士、博士抑或将来更显赫的"学位"成为父母、儿女共有的骄傲与安慰……

（天　舒）

术有专攻，攻无不克

　　某设计师谈到这样一件事，某大学请一日本设计专家作学术报告。该专家专门从事各种拉手的设计，在国际上颇有盛名。设计师想：小小拉手，乃无足轻重的小玩意，能搞出什么名堂？遂怀着好奇之心参加了报告会，不听不知道，听了吓一跳。他压根儿没想到，不起眼的拉手中原来蕴藏着如此多的学问。

　　联想到某读农学的朋友，当初曾对我说：他们学校里有位著名的农学教授，毕生只研究大小麦的几种病虫害，对农学上的其他东西未必了了。言下之义是所谓教授，其实并没有什么大花头。后来他考上那教授的研究生，也成了"术有专攻"的人，才真切地感受到导师确实了不起……是的，一个倾全力于某一目标、专心致志、持之以恒、富有耐心的人，是不难成就一番事业的，而且还可能是大事业。只要专心、恒心、耐心"三心"合一，做到"术有专攻"，那么，便可"攻无不克"。

　　如今的科学趋势一方面是各种边缘科学、交叉科学层出不穷，另一方面却是专业分工越来越细。有志青年在选择主攻方向时，要有一种"任尔东西南北风，咬定青山不放松"的坚毅精神，切莫蜻蜓点水、浅尝辄止，或是一曝十寒、有始无终，抑或三天打鱼，两天晒网。某年高考看图作文中"挖井"的漫画就形象地提供了反面的例子。罗曼·罗兰说得好，"与其花许多时间和精力去凿许多浅井，不如花同样的时间和精力去凿一口深井。"人一生的时间和精力十分有限，而大千世界的客观事物则层出不穷、绵绵无尽。以"有限"逐"无限"，最可行的办法便是心系一端，竭其全力，痴心不改，勇往直前。这样便不难在事业上有所作为，乃至大有作为。这和光学上的聚焦现象是同一原理，也正合"不搏二兔"的古训。正如西塞罗指出："任凭怎样脆弱的人，只要把全部的精力倾注在唯一的目的上，必会使之有所成就。"马克·吐温也说："人的思想是了不起的，只要专注于某一项事业，就一定会做出使自己感到吃惊的成绩。"英国诗人勃朗宁则说："只要朝着一个方向努力，一切都会变得得心应手。"十年磨一剑，这剑一定寒光逼人、削铁如泥。

初涉人世的青年人对许多事物感到新鲜，往往兴趣广泛而毅力不足，有时见异思迁，难免要犯"这山望着那山高"的毛病。心血来潮时对事物更只有"三分钟热度"。对此，董必武一针见血地指出："最吃亏的地方是挑三歇五，没有坚持。"熊瞎子掰玉米的故事，就讽刺了那种三心二意、心有旁骛的作风。而真正坚定不移的有志者不仅能做到内心的专一，而且能在任何条件下保持这种专一。特别是在遭遇艰难曲折时，更要有百折不挠的坚韧之耐力。他们一旦认准了目标，便一步一个脚印地向前行进。其一以贯之、矢志不渝的心态，正像俗话说的"风吹葵花不转向"、"火烧芭蕉不死心"、"张飞吃秤砣铁了心"、"胸口掖扁担横了心"。科·考克斯说："即便是啄木鸟的成功也基于这样一个事实：不停地啄啊啄，直至完成自己的工作。""胜利属于最坚韧的人。"（拿破仑语）因为"忍耐是支持工作的一种资本。"（巴尔扎克语）可见"专心"是前提，"恒心"和"耐心"是保证。三者缺一不可。鲁迅说："无论爱什么，……只有纠缠如毒蛇，执着如怨鬼，二六时中，没有已时者有望。"拿钟表来作比方：对事业的追求，最好要有像时针那样坚定不变的方向，像分针那样善始善终的、为完成目标而努力的周而复始过程，更要有像秒针那样铿锵有力，一往直前的坚实步伐。而这显然离不开专心、恒心、耐心"三心"的"合一"。

"一朝开始便永远能将事业进行下去的人是幸福的。"（赫尔岑语）因为这样的人不会轻易迷失自己的方向，总是知道自己能够做什么、应该做什么、必须做什么，而且通常他们也能够做出什么来，甚至做出令人瞩目的成绩来。

美术大师潘天寿的成功，正如夫子自道："如果想定了就不要再犹豫，……我从十四岁那年下决心搞中国画，以后从来没有动摇过。"对墨竹独擅胜场的郑板桥在诗中说："四十年来画竹枝，日间挥写夜间思。"四十年寒暑，多少个日夜？专心，再加上恒心和耐心，难道还有什么做不成的吗？

回到开头的话题，小小拉手原来也可以"拉"出一个扬鞭策马、纵横驰骋的广阔天地。可见只要有专心、恒心和耐心，"术有专攻"，便意味着"攻无不克"。

（一　直）

给女儿找个"对手"

　　我是从女儿喜欢吃别人家的饭上悟出这一点的。在此之前，为了女儿能够安安静静地吃顿饱饭，我们夫妻俩不知想过多少办法，或诱或哄、或恐威吓，都未能奏效。好像女儿明白，现在都是独生子女，你疼还疼不过来呢，能把我怎么样？所以，常常能够见到这样的无奈场面：我在一边端着碗，妻子拿着勺，追着女儿喂饭吃；女儿呢，吃一口，玩一会，悠闲得很，似乎觉得做父母的挺好玩，她在和爸爸妈妈进行藏猫猫的游戏哩。后来，不耐烦了，索性饿她一顿两顿，你猜怎么着，女儿一点都没有要吃饭的表示，不知是妻子偷偷给她零食吃，还是贪玩的女儿不知道饿，反正女儿从来不向我们要饭吃。几个月下来，我们软硬兼施，却收效甚微，女儿日见苗条。于是，多次向朋友讨招，都做摇头状，如此看来，这"小皇帝""小公主"还真难伺候哩。

　　一天，午饭的时候我们小两口有事外出，将女儿偷偷地托给邻居小妹，你猜怎么着，等我俩急急忙忙地赶回来时，女儿正儿八经地坐在邻居家的饭桌上，和邻居的小男孩一起，一口一口地吃得正香哩，甚至看到我们进来，都顾不得看上一眼。等她抹抹小嘴，神气地将空空的碗亮给阿姨看，我才明白了，女儿在和邻居家的男孩比赛吃饭，看样子是赢了，小胸脯还挺得高高的，等候阿姨的表扬。邻居家的小妹告诉我们，女儿吃了差不多大半碗呢。

我想起了"鲇鱼效应"。如此看来，对于独生子女也要适当地引入一些竞争者。孩子们一般都有争强好胜的特点，我们为什么不可以充分利用孩子的这些性格特点来对他们进行诱导、鼓励和教育，同时加强管理呢？

从此以后，女儿成了邻居家的常客，邻居家的男孩也成了我们家的编外人员，两个小家伙经常进行各种各样的比赛，虽然有时免不了"大打出手"，但却逐渐养成了许多好的习惯，我们再也用不着追在屁股后面"请"她吃饭了。

女儿两岁多的时候还害羞、胆怯，除了隔壁邻居，你不要奢望她在其他朋友家呆上三五分钟。有了以前的经验，我并不急于求成，而是带着她出去，专门找比她大点的孩子和她一起玩。一方面，我让大孩子游戏的思维方式影响她，另一方面鼓励她和孩子们交朋友，以便有带她串门的借口。孩子喜欢孩子，有小朋友陪她玩，她一定乐意去。渐渐地，女儿回家后自觉不自觉地学会了他们那个年龄段的孩子不会做的一些游戏和动作。比如，单脚起跳、吊双杠、过家家等。而且有时我要去朋友家，只要点明去某某哥哥或某某姐姐家，女儿也就不再表示反对，乖乖地跟着我出门。时间长了，女儿变得越来越活泼，越来越讨人喜欢，甚至出乎意外的机智和调皮，有时竟然表现得像个小大人一样，不论跟谁都敢主动搭话了，这在女儿是个了不起的进步。其实，这与我平常在女儿面前表扬某某哥哥、某某姐姐有关，我在表扬他们的长处时注意观察女儿的表情。开始，她总是有着一种羡慕的神情，只要她开始模仿，开始用她的小脑袋思考问题，我则不失时机地给以精神和物质上的奖励。果然女儿心有灵犀，悟性很好，很快便从哥哥姐姐那里学到不少花样，并不时地表演给我们看，很是得意。

我认为有必要让女儿百尺竿头再进一步，彻底改正女儿的自卑和胆怯的毛病。一次，在一位朋友家，朋友的孩子、比女儿大五六岁的小姐姐惟妙惟肖地给大家表演节目，得到大伙的喝彩与掌声。女儿静静地站在一边，虽然不吱声，但小眼睛里分明有一种想自我表现的渴望。我故意不理睬她，我知道还不到火候，便有意多赞美了那位大姐姐几句，还亲昵地拉过她的手，让她站在我的身边。女儿开始吃"醋"了，也抢着往我的怀里钻，我借机怂恿女儿："潘歌，来，你来给大家表演一个节目。"女儿学了不少儿歌，平时只是念给我和妻子听，要是有外人在场，她是断然不肯开口的。这一次不同，小姐姐给她做了榜样，她自然不甘落后，稍稍犹豫了一下，她居然开口了，把一首儿歌背得抑扬顿挫、十分流畅。当然，她得到了同样热烈的掌声，也获得了同样的满足。有第一次就有第二次，等到不足三岁的女儿大大方方、有模有样地给大伙表演节目的时候，人们还不解地问："这小丫头，怎么说变就变了呢。"

给孩子找个对手挺容易。只要做父母的留心幼儿的表现，你就会知道他们渴望什么，想做一些什么。孩子一般都有一种自信心、优越感，特别是在孩子中间表现得尤为出色，既然他们总想胜出一筹，你尽可能地满足他们的这种渴望，不时给他们找一些竞争的对手，让他们在竞争中得到锻炼和提高。孩子们之间，也是一个充满竞争的小社会呢。

孩子再大一点的时候你要让他们知道最大的竞争对手是他们自己，要不断地超越自己的过去。女儿六岁的时候无论哪一方面都好像比别的孩子略胜一筹，小尾巴也就自觉不自觉地翘了起来，因为她开始懂得与自己的同龄人做比较，甚至狡辩起来还振振有词哩。有一段时间，我故意放松了对她的管理，让她在外面很是疯了一阵子，等她玩腻了想要回到识字本中的时候，过去她认识的字现在有好多都不认识了，女儿问我，我说："你不是早认识了吗?"女儿有些难为情，把识字课本翻来翻去好半天，还是妻子为她解了围。我也趁机给女儿上了一课："潘歌，你要是再贪玩，别的小朋友就会很快地赶上你了，到时候阿姨就再也不会给你发小红花了，你看，好多字都不认识你了吧，如果你每天都和这些字交"朋友"，你的"朋友"会越来越多，你也就会一天比一天有进步，不信，咱们试试看。"女儿听明白了，每天除了玩以外，一定要让妻子给她讲一些新的东西，大概女儿希望结识更多的"朋友"吧。

给孩子找个对手，让孩子从小就学会在竞争中成长，这对于孩子的早期教育有益，同时也对于孩子的成长有好处，更重要的是，这种竞争可能影响孩子的一生。

（潘文军）

撞上石头不仅仅只有疼痛

　　她出生在河南的一个小城，是家里的独生女，却不是爹娘的掌上明珠。她父亲说：我不是国王，所以你别骄傲地以为自己是公主。父亲是公务员，官不大，薪水只够一家过平凡的生活。母亲早年下岗，操持着整个家。在这样的环境里成长起来的她从小就是一个懂事的女儿，但是她的乖巧并没有得到父亲温柔的呵护。父亲对她永远都是那么严苛。对于这些，她并不反感，但是有时候令她难以接受的是，父亲一直称呼她为"我儿"，那时她并不理解父亲的良苦用心，只是单纯地认为那是父亲深受传统观念的影响，希望自己是一个男孩子，每每想到这里她就会有些沮丧。

　　有一次市里举行主持人大赛，她满怀信心地报名了。她本以为会得到父亲的称赞，但是父亲却先奉上了打击：你会些什么呀！别丢人现眼了。她听了，委屈得眼睛都红了。但是她并没有和父亲争吵，因为她相信：这只是父亲表达爱的另一种方式而已。

　　2003年，她读高三，当上了校文学社的社长，热爱红学。偶然一次和返校探友的前任文学社社长聊起对红学的一点理解，那位学姐建议她写成文章，参加萌芽杂志社举办的"中华杯"第五届新概念作文大赛。她听取了学姐的意见，邮寄了一篇文章出去。11月的时候，她收到了从上海发来的信件，叫她去上海参加复赛，当时她的心扑通扑通地跳。于是，她在班上同学都忙得焦头烂额的时候，在爹娘的陪伴下去了上海，参加复赛。她并没有胜出的心态，只是想暂时逃离一下高三课堂那种压抑的气氛。复赛笔试完毕后，爹娘出奇地好，带她去苏杭玩。在准备返回的火车上，她接到了新概念组委会的电话，叫她去组委会评审老师下榻的酒店参加面试，那意味着她已经获得了一等奖，已经进入了保送学校的双向面试。结果，她拿着一等奖的荣誉，当时就被厦门大学中文系录取了。

带着这样的一个超大的荣誉光环回到了学校，她一下子成了小有名气的人。当班上其他同学为高考忙得心力交瘁的时候，她每每都可以拿着其他书本读读。她父亲看不惯了，尖锐地对她说：你都写了些什么，人家就肯保送你上大学。她听了父亲的话，心里凉凉的，之前的春风得意的心情一下子就没了。

她的班主任也害怕她成为班上的"害群之马"，建议她去北京参加当时中国传媒大学的一个播音主持的考试。她为了不给别人增添太多的负担，于是带着试试看的心态去了。结果，幸运女神眷顾了她，她在高考志愿的提前批次里被中国传媒大学录取了。结果自然是那个辛苦得来的保送名额并没有派上大的用场。事后，她暗暗地对自己说，假如没有父亲和老师的冷面建议，她就没有机会去北京。

也许之前他们那么对我，只是他们忘记了，我也需要短暂地沉浸在喝彩里，而他们害怕我迷失，他们是爱我的，只是对我的信心并没有那么足而已。

2007 年，她以院部第一名的成绩可以选择保送就读北京传媒大学的研究生。结果，她还是想完成自己小时候的梦想，进入北京大学。当时她的班主任慎重地劝她：如果北大没有录取你的话，那么学校也不会要你了，你要想清楚。她感激地对着班主任说：我在这里四年要感谢学校的栽培，也感激班主任对我的器重，但是我真的好想完成自己进入北大学习的夙愿，哪怕希望并不大。我真的想去试试，不管结果怎样，我都不会后悔。结果，她通过了北大新闻传播学院的研究生考试，顺利地进入北京大学攻读传播学硕士。当她走在北大校园里的时候，她暗喜：也许你们之前都忘记了梦想的力量。

研二那年，她本以为一定会嫁的那个人一封越洋邮件撕碎了她幸福的梦。她看着镜中一下子老了很多的自己，捏了捏自己的脸蛋，大声地对自己说：你一定不可以沉沦，看看你现在这个样子，早已不是原来的那个你，你只可以哭这最后一次，哭过了就要振作起来。尔后，她蹲在镜子面前，哇哇地哭起来。第二天，她起床，又重新站在镜子面前，对自己说，也许这次是我忘记了，头发那么长了，早该剪了。

2009 年，她研究生毕业前夕，收到了十几份工作邀请，其中有广东电视台、浙江电视台、人民日报、省级公务员等等高待遇工作，但是她最终选择了留在北京，进入中央人民广播电台做一名记者。

她就是麻宁，一个传媒尖兵，一个很善于正确地面对批评和责难的人。

溪流总会遇到石头。溪流在石头的撞击下会痛，但因为撞击溅起的水花却很绚烂，改变了流向的溪水也就会更富有动感和节奏。我们也是一条条溪流，我们也会撞上石头，只要我们明白并且相信那石头的存在是一种必然、一种善意，相信撞上石头不会仅仅只有疼痛，不仅只会或轻或重地擦伤你，就有可能收获意想不到的改变和美好。

（邹　峰）

有一想到二　有三想到四

　　小时候，他就喜欢发明创造。一岁半时，牙牙学语的他抱着个奶瓶喝奶，突然喊道："妈妈快来，我腿后跟痒，给我挠一挠。"他妈妈感到疑惑："你腿后跟在哪呢？"哦，原来他说的腿后跟就是膝后弯儿。有一次，他爸指着黑白相间正在吃草的奶牛告诉他："这就是奶牛。"这时，一只狗从奶牛群里跑出来，他像发现新大陆一样惊呼："爸爸快看，奶狗也跑出来了。"

　　转眼到了入学阶段，他却是学校出了名的差生，上课不注意听讲，下课放学也不做作业，一有空闲就捣鼓玩具之类的东西，学习成绩总是倒数第一，直到小学三年级之前，"全年级倒数第一"的位置非他莫属，从未动摇。

　　这年，父母为儿子的前途着想，不指望他考大学，能有一技之长谋生就行，抱着这种想法把他送到青年宫，为他报名学习电子琴和国际象棋，他却吵着要上什么手工制作班。经过一段时间磨炼，国际象棋没学好，手工制作成了他的最爱，日见成效，连家里也成了他的手工制作加工厂。这年暑假，他的第一个发明就是利用废旧物品制成的风力船，与其说是发明，不如说是给自己做了个玩具，这也激发了他的学习动力，使他意识到书本和课堂的重要性。小学毕业时，他的学习状况总算有了起色和进步，而发明依然是他的乐趣，乐此不疲。

进入初中，他的发明也越来越向高级迈进，发明创造进入高峰期，什么电光笔、写不满字的黑板、水解装置等等。他不再捣鼓儿童玩具，而是将发明创造转化为专利产品。初二时，他在一次发明比赛中获了奖，第一次被媒体报道。由于他携着自己的发明和产品不断在各类科技赛事中崭露头角，屡屡获奖，引起电视台等媒体的广泛关注。初中毕业时，16岁的他已拥有6项国家发明专利，17项实用新型专利。作为特长生，他被一所著名学府的附属中学降低39分特招入学，给他配备多个辅导老师并拥有自己单独的制作室，别的同学背着书包去上学，而他背着工具箱在校园里穿梭。

高中一年级，他发明的"防脱防触安全插座"被一家公司买下投入生产，他也被吸纳为公司员工，每月可从公司领取1000元工资。另有两项发明"电子琴鞋"和"虹吸管"被美国一家投资公司看中并购买，其中"节电型防触防脱防热安全插座"作为节能产品代表，在2010年上海世博会上成为他所在省展览馆专用插座和馈赠纪念品。为此，中央电视台为他拍了专题片，他成为现代教育界反思典型人物引起教育界人士对中国教育的质疑。他被称为"为数不多、少年成才、小有名气的发明家"。

2008年高考烤焦了他的梦，他高考成绩"山高水深"，只有472分，离当年高考录取分数线整整相差100分，如此成绩上大学是没什么指望了。正当父母为其前途而焦虑不安时，一个天大的喜讯从天而降，南京航空航天大学直降100分破格录取了他，成为轰动一时的新闻。

入学时，其他同学都背着行囊和电脑，而他这个1米80的英俊少年，却托着几个木箱子入学，打开木箱，装的是《金属工艺学实习教材》、《模拟电路入门》、《车工》和《模拟与数学》等书籍，没有一样正经的。送他的父亲临回老家之前问他："你还缺什么？"他竟狮子大开口："爸，再给我装备一台车床。"已是南航机电学院飞行器制造工程专业新生的他，得到了南航给予的特别照顾：不仅享受研究生待遇，还为他配备专门导师和实验室，大学生活再次为他插上发明创造的有力翅膀。截至去年，他获得的专利或正在申报专利的发明已经增加到了三十多项，并获得政府扶持拨款达数十万元。2010年11月，在第四届中国专利周成果展示交易会上，他研制的通过对洗澡洗菜等家庭废水自动收集存储和处理、实现废水再利用的"自压冲洗装置"，现场签下投资金额高达260万元的合作协议。

进入2011年，他正在进行设计和完善的是一项名为"液晶遮光板"的发明，以期弥补汽车挡风玻璃遮光贴膜透光性不好的缺陷，目前正在公示期内并有望获得国家发明专利，并且已有企业家表示包揽他发明专利的产品转化。

他就是1990年8月出生于太原市一个普通家庭的"小发明家"牛培行。如今，20岁出头的牛培行较3年前刚入大学时更加开朗健谈了，他非常清晰地规划了自己的未来——考研深造或自主创业。他说："作为一名在校大学生，我早已不再厌学，首先要学好大学课程，只有这样才能在更高知识平台上继续发明创造，毕业后才能在发明基础上自主创业。"

有一次牛培行去电视台做节目，一个心理专家听了他的成长故事后分析认为，主要是缘于他的思维方式和大多数孩子有所不同，面对问题时能够"有一想到二，有三想到四"，正是这种思维，造就了他的灿烂青春。

（迩半坡）

本色自然让交际更舒心

　　我应邀到波士顿为数百位研究心理健康的专家作演讲。我的演讲安排在几位知名的心理医师之后。因为他们的演说太精彩了，无形之中给了我很大的压力。我走上讲台，心脏就像打鼓似的怦怦乱跳，一时说不出话来。"怎么办？"我心想。

　　为了让自己镇定下来，我采取了一种超常规的"战术"，我向听众发问："诸位在演说时会紧张到什么程度？"几乎所有人都举了手，"哈哈，就是你现在这个样子。"大家笑着回答，我轻松了起来，从容不迫地完成了演讲。

　　很多时候，人们在交际时都有可能陷入尴尬的泥沼。也许你会在鸡尾酒会上说一些傻里傻气的话，在会议中当众出丑或者在演讲中头脑一片空白。这些都严重影响了我们的社会交际。以我多年的经验，我认为每个人都应该有信心，因为运用本色自然的方法可以提高交际能力。下面介绍几条简单而有效的方法：

放弃伪装

迁入新居后，我的女儿就跟住在附近豪宅里的一个小女孩玩在了一起。一天晚上，我想顺便拜访一下豪宅里的主人，同时也好叫回我的女儿，当时我穿着牛仔裤外加一件旧T恤。苏，女儿朋友的妈妈，衣饰华丽，光彩照人，犹胜时尚名模。苏领着我走进了一条长廊。长廊里陈列着昂贵的古董和名画，就像博物馆一般，富丽堂皇，眩人耳目。

我感到很窘，苏注意到我的不安，问我有什么不对劲吗？我没选择掩饰，相反选择了坦率，"我从没有到过这么豪华的地方，有点儿紧张。"

"哦，我可不认为心理医生也会缺少自信。"苏莞尔一笑。

我相信，我的率真使我们彼此相处有了更多的愉快。拒绝说心里话，只会增加紧张拘束。在波士顿演说时，我坦诚自己的不安，这样的坦白是一种改善交际氛围的好办法。

战胜恐惧

宾夕法尼亚大学搞过一个研究项目，心理学家米歇尔·丁·马汉尼和体育教练马歇尔·阿文纳，以1976年的美国奥运队为样本，就恐惧对运动员所造成冲击的问题进行了调查。你猜临赛前谁会更紧张——未来的胜利者，还是最终的失败者？研究者发现，所有的参赛者都同样紧张，区别在于输赢各方处理压力的方式截然不同。

　　失败的运动员为恐惧笼罩，对灾难性表现的想象使他们惶恐不安。胜利者的典型做法是置成败得失于度外，将注意力集中在有利放松的事情上，做深呼吸，或者伸展四肢，将任务切成小块，一步一步地来，就能够克服恐惧。掌握这样的技巧是很有价值的，它能使你能力大增，无往不胜。同样的道理，如果我们要进行成功的交际，我们也可以学习奥运冠军的做法，成功地战胜对于交际的恐惧。在会见朋友或者出席社交场合之前，我们要让自己放松，没有局促感；同时我们还可以多多地想象社交愉悦融洽的情景，将自己的良好情绪充分地调动起来；接下来，我们还要把社交中的谈话要点做一个大致的准备，积极地设想谈话的过程，想好各种应对的方法。

反客为主

　　我们常常会很不情愿地被迫讲话，也许是新老板上任、公司开业或者是偶遇不是那么熟悉的朋友。在毫无准备的情况下该如何谈吐得体呢？

　　让别人处在谈话的焦点位置——美国著名的节目主持人乔尼·卡尔森经常使用此法，他总是尽力让嘉宾多说活，你也可以如法炮制地提一些问题："你是如何对某事物或人物产生兴趣的？"或者"你能再告诉我一些情况吗？"几乎所有的人立刻就会跟着你的指挥棒转，精神科医生和心理学家善于通过老练地点几下头、问几个问题来漂亮地掌控局面。这种反客为主的方法在日常交际中有重要作用。

愈压愈奋

人在公共场所总会有压力，感到紧张。不管是出席商务会议还是学术活动，聪明的办法是要用压力来为你服务。我经常上电视，每次都极度紧张。我的一个朋友跟我说，她对我在银屏上表现出来的僵硬呆板感到吃惊。只要爬上飞机，我就像水被冻成了冰，丧失了活力。很多人教我，全不管用，越想放松反而越紧张。

偶然的机缘，我解决了这个问题。有一次出席脱口秀节目，制片人安排我和另外一位心理学家对谈。开场时对面那个家伙竟然错误地建议我把自己看做是一名"作家"而不是一位研究者。这样的轻视令我愤怒。我决心不再为如何做一个斯斯文文、规规矩矩的嘉宾而发愁。相反的我尽情展现我的学术功力，雄辩滔滔，让人刮目相看。突然间我感到能量大增，原来脱口秀能够做得这么畅快。

心理医疗有一种手法叫"良性调适"，意思是说要从不同的角度看问题——从好处看胜过从坏处看。对自己要有信心，要有勇气表达你的感受，这样可以有效地减少负面情绪的困扰。那一次我运用紧张心理发挥积极作用——这也是一种形式的能量，所以我才能顶住压力，一扫往昔的拘束，发挥了真实水平。

悦纳自我

不懂得知己知彼也是造成交际障碍的原因之一。也许你觉得你无法在社交中崭露头角是因为别人比你更自信、更成功、更有学问，或者更有吸引力。这样的想法是愚蠢的，会给你带来很多不必要的负担和紧张。社交成功的秘诀是：悦纳自我。也就是说你要怀着喜悦、平安、实在的心来稳妥地接纳自己。

上大学时我有一本私人日记。从少年开始种种的烦恼都记在上面，有伤痛，有迷惘，有孤独，有徘徊，我还在日记里记录着破碎的梦想、强烈的憎恨以及喜欢的魔幻小说、常逛的平价商店。接着发生了一件可怕的事情。一天晚餐后，我把日记本忘在了学校餐厅旁的更衣室里。要是什么人看了它洞悉了我的内心世界那就惨了，我赶快往回跑，可是发现日记本已经不见了。几个星期过去了，我失去了找回日记本的希望。一个月后，我又在更衣室同样的地方挂夹克，我看见一本褐色破旧的日记本，拿起一看，是我的。我焦急地翻了几页，看见了一段用陌生字迹写成的话："上帝保佑你，我很像你，只不过不记日记，得知世界上还有跟我一样的性情中人，我很高兴，祝你好运。"我的眼睛湿润了，我从未想过有人了解我的内心，却仍然喜欢我。

不管你是什么人，富有或贫穷，拘谨或外向，显赫或普通，魅力四射或相貌平平，有人会喜欢你，也有人对你满不在乎，没有人是人见人爱的，但是如果你接受了你自己，你就会赢得更多的目光。

（范子盛　编译）

请守护美丽的心灵

同学们、老师们，各位家长：

上午好！

我相信各位同学现在的情感是非常复杂的，我体会到了这种情感。我想，这其中既有别离的伤感，也有依依不舍的眷恋，有师生之间和同学之间刻骨铭心的深情，有在默默无闻中不断品尝到的酸甜苦辣，甚至有的同学可能还有几分怨怼。当然，我相信更多的是大家对未来的憧憬。这就是毕业典礼上所特有的一种难以言表的滋味。

此时此刻，我不想从网络上搜寻一些流行的词汇来修饰我的讲话。因为它们既不能让你们对我增加一分尊敬，也不能增加一分亲切，更加不能使我变得跟你们一样的年轻。我想，关键是在于我们有没有一颗可以互相沟通的心灵。

无论你们当初进入复旦的理由是什么，我们现在更需要反省的是复旦在这四年当中给了你们什么？除了文凭以外，你们从复旦还得到了什么？对于复旦，我们都认为，这剩下的东西应该是一颗自由而年轻、真诚而脱俗的心灵。有复旦人称之为"自由而无用的灵魂"。乍一看来，你们在复旦学习的东西很多都是看似无用的，但我要说，很可能复旦给你们的这些貌似无用的东西，恰恰是最神圣、最尊贵的精神价值。在本质上，无用之用常常胜于有用之用，因为精神的价值永远高于实用价值。因为它满足人心灵的需要，它将注入你们在座的每一位的终生。

我昨天晚上在写发言稿的时候，听说了一件令复旦人感到羞愧、感到伤感的事情，让我几乎彻夜难眠。请原谅我在今天这样的一个场合，来谈论这件不怎么愉快的事情。但是我觉得这件事情非常重要，如果我今天在这里不谈的话，那么前面的话全都是废话。

事情是这样的，某学院的一位女学生今年在拍毕业照的时候，帽子掉下来了，她回头去捡帽子，但不想这个时候摄影师按下了快门。所以，所照的照片中就没有这位同学的脸。我觉得摄影师做得非常好，当场就补拍了照片。但是在昨天，她拿到这张毕业照的时候，却发现这是那张没有她的毕业照片。她当然不希望同学们所拿到的毕业合照里没有她的头像，我想这一点所有在场的同学都可以理解她的心情。所以，她希望照相馆重新印那张重拍的照片，然后把这个新的照片发给学院的每一个同学。但是遗憾的是，我们有人说，这不是学院的责任，是照相馆的责任，学院没有必要管。学院让学生自己和照相馆交涉，甚至还有人认为自己的同学是在小题大做。你只要照相馆重新印一张就行了，而其他的同学拿到的照片里有没有你都没有关系。在这种情况下，这位女生只能沮丧地要求班上的另外一个同学给全班的同学发短信，询问他们是否愿意一起分担重印的费用。我不知道在座的各位听到这个故事后，是感到羞愧还是感到什么？至少我作为校长，是感到羞愧的。我为此十分难过，而且也感到痛苦。学生低头捡帽子难道是她自己的错吗？希望自己的同学们拿到的照片上有她自己，是小题大做吗？试想，照片上缺的不是这位学生，而是我们某位学院的院长或者书记，又会怎么样？

我不得不把我前面说过的一句话拿到这里再重复一遍，一颗没有精神家园的心灵，不可以思考自己生命的意义和价值，因此也就不可能对他人有真正的情感关切，对社会有真正的责任心。一个人的淡漠、冷漠引起了另一个人或者一批人的失望，心灵的底线一退再退。如果是这样的话，那么我们怎么能够期望所有的复旦人能够自觉地去守护复旦的心灵？在这里，我唯一能做的，就是代表学校向那位女同学表示道歉。（鞠躬）

100年前，有两位复旦的同班同学留学归来，也可能比我们在座的还要更小一点。100年后，作为中国的人文和科学的代表，他们的学术成就令人景仰，而他们高尚的道德品质更为世人所传颂。这两个人其中之一就是陈寅恪先生，他的"独立之精神，自由之思想"的言说成为我们温家宝总理一生所崇尚的格言。他还说："士之读书治学，盖将以脱心志于俗谛之桎梏，真理因得以发扬。思想不自由，毋宁死耳。"另一位是竺可桢先生。他说："大学是社会之光，不应该随波逐流。"无论同学们从事何种职业，你们都不是一台适应社会的机器，而是引领社会、改造社会的创造性人物。

让我们相互勉励，守护好我们自己美丽的心灵，守护好我们复旦大学的心灵，让我们的心灵和想象力展翅飞翔。最后我想说，复旦万岁！复旦的心灵将永远高高地飞扬！

谢谢大家。（鞠躬）

本文为复旦大学校长杨玉良在复旦大学2011届本科生毕业典礼上的讲话，有删节。

（杨玉良）

你是否要预知今生的苦难

　　我今天讲演的题目是"你是否要预知今生的苦难"，这题目是不是有点吓人。很多同学可能会说，我还正年轻呢，怎么要去预知人生的苦难呢？

　　其实这个题目我也是偶然中得到的，对我影响很深。

　　那是我在美国的一次访问，一天晚上，比尔请客。比尔是美国外交部的官员，负责接待并安排我们在纽约的活动。比尔衣着朴素，脸上永远是温和厚道的笑容。当我们从纽约火车站出来的时候，看到的就是这种笑容。他帮我们推着沉重的行囊，在人群中穿行。当他护送我们到各地访问的时候，脸上也是这样的笑容。当我要离开纽约，担心一大堆资料无法带走的时候，又是比尔温暖的笑容帮我解决了难题，他答应为我将资料海运回中国。

　　比尔请我们在一个中餐馆用饭，他说这是纽约最好的中餐馆之一。比尔在中餐桌上是有发言权的，因为比尔的妻子是一个香港女性。这的确是我在美国吃的最好的中餐之一。

　　席间，聊到一个有趣的话题：人是否需要预先知道今生的苦难？

同桌的一位朋友说，他认为如果有可能，他愿意预知一生的苦难。理由是，凡事预则立，不预则废。知道了，有什么坏处呢？没有。并不会因为你的预知，就让你的灾难变得更多或者减少，那么，你多知道一点儿，就对自己的人生多了一份把握，该是好事。

闷头吃饭的比尔，突然大叫一声：NO！

这是我唯一的一次，在比尔的脸上看到的不是笑容，而是愤怒和凄楚。

当然，比尔的愤怒不是针对那位朋友，比尔放下筷子，对我们说：

很多年前，我和我的妻子，在香港抽签请人算命。那人是一个和尚，他看了我妻子的签说，你会早死。看了我的签说，你会老死。

你们知道"早死"和"老死"的区别吗？自从听了那和尚的话，我的妻子就对我说，比尔，我会比你先死。因为我是早早死去，而你是老死，你要活很大的年纪。我说，你不要相信这话，那个人是胡说。我会和你白头偕老，如果有个人一定要先死去，那就是我，因为你比我年轻。但是前不久，我的妻子生了喉癌。那是因为她年幼的时候，家中很穷困，没有菜，就吃咸鱼。咸鱼很小，有很多刺，鱼刺刺伤了她的喉咙。久而久之，就生成了癌症。妻子走了，留下我，等着我的"老死。"

比尔说得非常伤感。朋友们缄默了许久，寄托对比尔妻子的深切悼念。我听出了比尔话后面的话。很多年来，关于"早死"和"老死"的谶语，就盘旋在他们的头顶。他们本能地畏惧这朵乌云，乌云尖厉的牙齿，咬破了他们最快乐的时光。每当幸福莅临的时刻，惴惴不安也如约袭来。因为他们太珍惜幸福，就越发迅疾地想到了那不祥的预言。如果他们不知道那命运的安排，如果当年没有那老和尚的多此一举，比尔和他妻子的美好时光，也许会更纯粹更光明。

我不知道我想的是否符合实际，我也不敢向比尔求证。我把此事讲给你们听，是想再次问自己也问大家：我们是否需要预知今生的苦难？

现在，我想站在比尔一边，说"NO"。不单是从技术层面上讲，我们无法预知今生的苦难，无法预知今生的幸福。就是有人愿意告诉我，把我一生的苦难，用了不同的簿子，将它们分门别类地列出，苦难用黑墨水，幸福用红墨水，一一书写量化。或者是轻声细语地娓娓道来，苦难用叹息，幸福用轻轻的笑声。想来，我也会在这种簿子面前闭上眼睛，在这种命运的告诫面前堵起自己的耳朵。生命是我自己的东西，甚至可以说是我仅有的东西，我不希望别人来说三道四。我注重的是过程，在这个过程中，我感到自己的价值。我们可以预知的只是自己应对苦难和幸福的态度。此时此地，这是我们能掌握的唯一。知道了又怎样？不知道又怎样？生命正是因为种种的不知道和种种的可能性，才变得绚烂多姿和魅力无穷。

那天比尔离去的时候，带走我沉甸甸的资料。比尔一手拎着资料，一手提着他不离身的书包。他的书包在纽约的大街上显得奇特而突兀。那是一个简单的布包，上面用汉字写着：天府茗茶。

在纽约看到比尔的所有时刻，他都拎着这个布包，突然想问问比尔，这是否是她妻子很喜欢的一件东西？

　　对人生的苦难，我不想预知。但是人生一定是会有苦难的，我们无法预知。越是你有一个抱负，有一个理想，承担很多很多的责任，要去建立常人所未曾建立的功勋，我觉得，你就越要作好准备，遭遇到比常人更多的苦难。而且是很孤独的。但我觉得，如果我们从年轻时开始准备，建设那样一个"防护林带"，就可以决定我们如何对待苦难的态度。

　　当我们遇到苦难的时候，像遇到癌症这样的生死威胁的时候，其实这苦难的核心是一个哲学的问题，就是我们人是有一个大限在等着我们，无论你多么年轻，无论科技怎样发达，无论你怎样气壮山河，无论你有多少爱与被爱，那个大限就在那里等着我们。正是因为死亡的存在，才使我们的生命变得那样宝贵，才使我们要决定，用这有限的生命，一步步走过去，当我们不再存在于这个世界上的时候，我们会留下什么。

　　有一天晚上，夜里两点钟，突然电话铃响了，吓得我一激灵，一定有像死了人一样重要的问题，否则不应该在两点钟给人打电话。吓得我……(同学中有手机铃声骤然响起，演讲者和同学都大笑)，我糊里糊涂把电话拿起来，一听是我儿子。他正在外出差，他告诉我说，妈，我特感谢你。我心里说，就是感谢也不能半夜两点钟急着打电话。我问，你感谢我什么呀？他说我感谢你有一天和我谈了人生。我想，他在几千里远的地方，他可能面对着满天星斗，想到了人生这个问题。其实人生，我觉得，还是你年轻的时候就要去想一想。尽管我们每天都很忙碌，有很多很多事情要做，但是只要你花时间想一想，它可以给你节约出很多时间。只要把你人生的目的想明确了，一些重大的问题，非常重大的问题，五分钟内就可以决定。

对于人生有不同的态度，有的很开心很随意，不作思考；有的对宇宙、对生命的意义进行很深奥的探讨，比如尼采，但是不见得有很好的结果，有的精神分裂了。我想知道，你是否在一个特定的时间，特定的地点，对自己的生活进行过这样的思考，然后使自己的生活充实而有意义？

我觉得我们每个人都可以给自己一个人生的意义，不是书本上教给我们的，不是父母给我们的，而是你自己思考得出来的。对我个人来说，我会用我的生命去做我所热爱的事情，而这件事不但对我是快乐的，而且对人类是有所帮助的。我想就是这样。它说起来比较大，比较空洞，但落实起来……比如说有人让我写电视剧，但不是我喜欢的，就把它拒绝了。所以我认为，因为有了大的目标，一些小的事情，就会变得比较简单了。因为有了大的目标，当你遭遇到小的苦难时，你也能轻松地面对它。

面对它，你怎么做？我觉得苦难不会自动地转化为动力。并非苦难越多，动力越强。苦难究竟会转化为什么东西，取决于我们怎样看待它。在苦难面前，是把它化做动力，还是把它当做一种借口，甚至因此得出人性恶的结论，去报复这个社会——我在遭受苦难，为什么有人却是如此幸福。怎样看这样的问题，可能需要一个积累，不是一个简单的等式。这里面，需要你的人生不断积累，不断选择。今天的话题，无论同学们选择哪一种，我都希望你们有美好的前程，你们正年轻，本应该有美好前程，苦难不算什么，我们要勇敢去战胜它。我祝福你们！谢谢大家！

（毕淑敏）

多才女状元和她身后的家教

　　当17岁的少女颜维琦以576分的成绩夺得江苏省建湖县2000年高考文科状元，考入北京大学中国语言文学系时，人们惊叹的并不仅是她的分数，也不仅是她出类拔萃的综合才能，更令人们赞叹不已的是这位"多才女状元"身后的家教。

　　俗话说"行行出状元"，颜维琦则是行行争状元，除了各科成绩齐头并进外，她的业余爱好也非常广泛，无论是书法、写作、演讲还是音乐、体育、舞蹈，她都样样精通，成为当地数万名学子心目中的状元。

　　颜维琦11岁时，其书法作品即参与中外文化交流，赴日本和俄罗斯等国展出；1996年，建湖县和盐城市文化、教育部门先后为她举办"迎'97香港回归祖国书法展"和"真善美——颜维琦个人书法展"。近几年来，她在全国各类报刊发表书法作品近百幅，在全国、省书协以及全国少儿书法协会举办的大展中多次获奖，红彤彤的证书已摞成小山！1996年，她的作品《四时读书乐》入选由中央统战部、全国总工会、中国书协等单位主办的"首届北京国际艺术精品博览会"；1997年，在江苏省美术馆举办的"中日少儿友好书画交流展"上，她的作品获得金奖；参加中日韩三国儿童书画交流展，亦获金奖；在中央电视台等单位举办的全国"小百花杯"书法大赛中获二等奖，作品同时入选文化部主办的"迎回归"书画大展；同年，原国家教委校长培训中心研修班组织全国27所知名中学的校长专程赴建湖参观她的个人书法展；1998年，在江苏省群众美术活动周上，她的书法作品获得一等奖；今年，就在高考前夕，她的新作参加迎接第六届中国艺术节江苏省群众美术书法摄影展（选拔）获得书法二等奖。

颜维琦的写作同样出色。她的作文从来只打腹稿不打草稿，一篇800字的作文构思10分钟，书写25分钟，一律现场完成。还在小学五年级时，她的一篇读书笔记《精诚所至，金石为开》即获得第四届全国中学生"叶圣陶杯"作文竞赛二等奖……

小颜的演讲在她的母校堪称一绝，早在小学五年级时即表现出超乎寻常的演讲能力；初中时，盐城市教育局、团市委授予她"故事大王"称号；1994年在上海参加全国中学生"听说读写"语文能力比赛，现场抽题，5分钟内她声情并茂的朗读，伶牙俐齿的演讲博得了担任评委的教授、专家及在场观众的热烈掌声，最后获得特等奖；学校、年级举办的各种大型活动，她这位学生会宣传部长每次都争当主持人，既写解说词、演讲，又表演自编的节目……

维琦干什么都不甘落后。运动场上，她还是一名活跃的小运动健将。每次学校田径运动会，都少不了她的身影。她参加少年组800米比赛，还夺得过第一名。此外，她对民族音乐十分痴迷，民歌演唱独具风格；她的舞姿优美从容，学校组织歌舞比赛，她不仅要引吭高歌，还充当舞蹈队的领舞呢！

她的班主任说："颜维琦的事迹真为奇啊！她品学兼优，兴趣广泛，书法出众，不愧是学生中的佼佼者！"

她的同学说："颜维琦的事迹太多了，真像架子上的葡萄——一串串的！"

她的父母说："小维琦绝不是什么天才，她的成功是勤学苦练和良好教育的结果。"

说起教育，笔者在采访小维琦的事迹时觉得，十多年成功的家教或许是她成为一名多才女状元最重要的因素之一。她的父母都只有高中文化，父亲颜廷祥、母亲杨新都曾是当地国有企业的普通职工，家境一般，但二人都很重视对子女的教育，千方百计加强家庭教育的软硬件投入，方法也很得当。

善于捕捉孩子的兴奋点是他们教育孩子成材的得意之笔。小维琦读小学二年级时，见爸爸认认真真给亲友写贺年卡，感到很好奇，趁爸爸不在时，她将几张未写的贺卡拿来照着写过的模仿，颜廷祥发现小维琦模仿自己的个人签名竟是一笔写成，而且很像，感觉有些好笑，遂找了个小黑板，让她反复练写，结果发现她的临摹能力极强。于是，这一年的暑假，他们将维琦送进了县少年宫举办的少儿书法学习班。小维琦练书法十分勤奋，长进很快，这使颜廷祥夫妇信心倍增，此后他们经常外出拜老师、买书刊、查资料，甚至专门到无锡书法艺术专科学校学习书画装裱，以满足维琦对艺术的追求，解答她永不消失的问号。维琦喜欢听故事，他们便借、买了大量名著和其他课外读物，讲给她听，并让她再讲给别人；维琦喜欢听音乐，他们就买来各种健康的磁带放给她听，并教她识谱，使她养成了在音乐声中看书、写字、作文的习惯。

颜廷祥夫妇从不把眼光盯在孩子的一两项专长上，而是指导她全面发展。他们告诉女儿，学习需要兴趣，但不能光靠兴趣，应当把学习看成是一种追求、一种愿望；学知识是为了使人生更快乐，如果看成是一种包袱，学习就毫无意义了；如果这门功课好、那门功课差，那就不是真正的好学生。小维琦很听话，也很认真，从小学到高中她并不是每个学科都能拿第一，但她的综合成绩始终是数一数二的。对课外活动，他们要求女儿能参加的一定要参加，而且要做得比别人更好。为了帮助女儿摄取大量的课外知识，夫妇俩经常找来各种动植物标本让女儿辨别；买来各种鱼，放在水池里，让她观察游动的姿势；假期到农村亲戚家看宰杀后的猪羊的骨骼结构；让她将自然现象与书法艺术联系起来思考，提高运笔的气势和韵味……所以，在老师和同学们看来，"维琦简直是什么都懂"！

小维琦当了12年的班长，中学时任校"萌芽"文学社社长，学生会宣传部长、副主席，加上这么多的业余爱好，许多人弄不清她哪来的精力和学习时间。其实，颜廷祥夫妇很早就帮助女儿改进学习方法，合理安排学习和业余生活。后来，小维琦念初中时，便能在自己的日记中自行安排学习计划了。每一课之前她都有计划地将课本神游一遍，总结一下能懂多少，有多少疑问，然后"带着问号进课堂"。上课时，她全神贯注，将自己的疑问与老师讲的一一对应，并在笔记上清清楚楚、整整齐齐地留下记录。由于课堂学习效率高，课后她很少做作业，而且重复的题型从来不做，更不会找刁钻古怪的题目来做。她的大量时间都泡在学校图书馆和自己的小书屋里。维琦很欣赏国家体育总局局长袁伟民的一句话："人的差距在业余时间。"长期的课外学习使她的自学能力有了很大提高，有时外出参加比赛、展览，课程落下了，她自学几天便能赶上去。维琦的学习计划安排得科学而又准确，几乎不受任何外来因素的干扰。

颜氏夫妇的家教充满了温馨、理解和民主的气氛。他们为维琦布置了温馨雅致的小书房，里面的各类书籍、杂志、字帖、墨宝摆放整齐，让她沉浸在墨香书香的氛围中，尽情吸吮知识的乳汁。夫妇俩从不打骂孩子，孩子遇到困难和挫折时，总是想方设法鼓励她。当有同学嫉妒她时，他们就说：这说明人家认为你学得好，而你又很少和人家接近，你为什么不主动跟他谈谈呢？当孩子对社会的阴暗面表示不理解时，他们就给孩子讲述孔繁森、曹克明和当地劳模姜德明等先进人物的事迹，鼓励她朝前看。小维琦的人缘儿也相当好，她热情大方，乐于助人，无论男生、女生都愿意同她交朋友。

一位同学患脑炎，她带头捐出自己的稿费，奉献一片爱心。1996年，她得知延安大学要修建路遥纪念馆缺少经费，立即寄去刚收到的58元稿费。高考结束，她又将自己书房里的300多册图书捐赠给那些经济困难的学子。像这些孩子自己拿定主意的事情，父母从不干涉，即使是高考志愿，也让她自主选择。

多年来，颜氏夫妇一直严格要求孩子正直做人。小维琦几岁时就成了当地的"名人"，当她刚有点沾沾自喜时，父母便告诫她学无止境，要永远谦虚谨慎。在维琦的一本日记上，笔者看到这样一段话："成绩永远只能代表过去，因为学无止境。一个人不可能事事成功，事事完美，但我愿意尽自己的努力，去追求更完美的境界。"小维琦对真善美的追求到了至纯至极的地步，1996年的一次巡回全市的个人书法展即以"真善美"为主题。无论书法还是作文，她的作品总是健康向上，透出真情，富于美感。每当有人出高价买她的作品时，父母总是提醒她自己还是个学生，不能过早地被铜臭沾染。良好的家教培养出小维琦刚直、无私的个性。每年春节前夕，她都义务为县城的老百姓写几百副春联，一些外地同学和解放军战士向她求索作品、字帖，她也尽量给予满足。但是，对那些打算拿她的作品装潢门面、夸夸其谈的人，不论他是大款还是官员，她总是谢绝。当地有一合资企业的港方老板听说维琦字写得不错，专程上门要求写"一本万利，财源滚滚"八个大字，并许以重金，但维琦觉得太俗，一口回绝。港商非常尴尬，只好请地方领导转弯子，维琦表示：如果他是个成功的生意人，我可以给他写四个字——"居安思危"。港商闻讯大喜，连夸维琦少年有才。她的作品在盐城展出时，维琦的老乡、时任盐城市人大副主任的彭正柱前来参观，维琦感其市民公认清正廉洁，现场泼墨"清官"二字相赠，彭感动得热泪纵横；而一个自命不凡、后被查出是大腐败分子的干部，也曾大手一指"我就看中这一幅"，要工作人员取下带回去，但维琦因为"反感他颐指气使的官僚作风"，竟当场拒绝，这事差点儿把颜廷祥夫妇吓出病来。

"状元的取得来之不易，而父母多年来始终如一的教诲更是艰辛！"小维琦自言对父母的感激之情无法用言语来描述。在校读书，她从不与同学在生活上攀比，从不乱花一分钱，甚至不知道"可乐"和"红牛"是什么滋味。她说子女为父母"减负"也是应该的。上初一时爸爸给她买的书包，她一直用着不肯换新的，6年间她自己上街修补了5次，镶了两块旧雨披的边角料。接到录取通知书后，亲友要送她一只漂亮的新皮箱，她却婉言谢绝，坚持要用父母结婚时购买的皮箱。她说："皮箱虽旧，但能用就行，这只皮箱还能让我时时想起父母的关爱和他们勤俭节约的本色，就让我带着俭朴进大学吧！"

真可谓"工于家教，胜在家教"；并由此可见，只有成功的家教才能教育出成材的子女。

（曾亚波）